食事のエネルギーを高める
ゆにわの作法

運気を上げるごはんのひみつ

開運料理人　ちこ

What are "intentions" ?
Those are strong purpose sense.
In the final analysis it comes to "what you live for".

PHP

はじめに

私は、神様なんていないと思っていました。

姿かたちは見えないし、声も聞こえない。
自分の努力で乗り越えて、成長していくことがすべてだと思っていました。
上手に生きる術《すべ》を身につけて、誰かに認められることに必死になって。
でも、信じていないはずなのに、誰に教わるでもなく、自力では解決できないことが起きると、神社では手を合わせ、ある時は「どうか助けて……」と虚空《こくう》に向かって一人、神様にお祈りしていました。

けれど、一度も神様を感じることができませんでした。

そんなある日、あることがきっかけで私は神様がいるとしか思えないような経験をしたのです。忘れもしない、高校三年の出来事です。

当時、私の日常は怖いくらい、うまくいっていました。

成績もスポーツも優秀。大好きな彼ともお付き合いし、たくさんの友人にも恵まれ、努力したことはすべて望んだ結果につながっていたと思います。

誰からみても、私は〝幸せ〟に見えたでしょう。

でも私は〝幸せ〟ではありませんでした。

むしろ苦しかったのです。

友人に合わせて、彼に合わせて、無理に笑顔を振りまいて、自分の感情を表に出せずにいることが。


そんな〝ウソツキ〟な私にまるでバチがあたるかのように、突然すべてのことがうまくいかなくなりました。

彼に振られ、親友とは絶交。ケガでバイトを辞め、成績はガタ落ち。


一瞬で私の日常は崩壊しました。


私はうまくいかなくなったことで抱えたストレスを、食事にぶつけるようになっていきます。

もともと、私はおいしいものを食べることが大好きでした。まかない目当てで、アルバイトは飲食店ばかり選んでいたほどです。

しかし、そんな私が何を食べても砂を噛んでいるみたいに味がしない。ごはんに魅力を感じられなくなったのです。


だから私は食事を拒絶するようになりました。


友達とごはんには行かない。

母が作った食事も食べない。

油は摂《と》らない。

炭水化物は摂らない。

なかでも、白米が一番嫌いになりました。だって味がしないから。

そんな調子で好き嫌いは日増しに激しくなり、胃の痛い日が続き、顔はニキビでいっぱいになりました。

唯一の楽しみだった食事が失われ、どうしていいのかわからず、目の前が真っ暗になりました。


そんな私の目の前に突如現れたのが、〝ひかりのごはん〟です。

人間が作ったものとは思えない、まるで神様が作ったような、神々《こうごう》しいごはん。

ごはん粒から、野菜から、水から……、一つ一つに神様が宿っているようにしか思えませんでした。闇の中で放心状態だった私を、まばゆい光で抱きしめてくれたのです。

その時、生まれて初めて神様を感じました。

私に〝ひかりのごはん〟を作ってくれたのは、とある小さな大学受験塾の塾長先生でした。

もともとその塾に通っていた兄が、私を見るに見かねて連れて行ってくれたのです。

私は、とにかく塾長先生に会いたくて、その塾に通い続けました。

通い始めた頃は、まだ勉強する元気がありませんでした。

ペンを持つのも嫌なくらい、気持ちが重かったのです。

けれど、塾長先生が作る〝ひかりのごはん〟を食べた日から、しだいに元気を取り戻し、たくさんのニキビとともに、ネガティブな思いも消えていったのです。

気付けば私は塾長先生に憧れて、「私も〝ひかりのごはん〟が作れるようになりたい」と思うようになっていました。

それは、私の中に初めて生まれた明確な〝意志〟でした。

意志とは何か。

意志とは、強い目的意識のこと。

突きつめると〝なんのために生きるか〟です。

それまでの私は、お金持ちになる、好きな人と結ばれる、結婚する、大学に合格する、やりたい仕事に就《つ》く、自分の店を持つ、成功してセミリタイアする、有名人になる……、そういった夢や目標を達成することが、幸せになるための条件なのかと思っていました。

■意志の方向付け

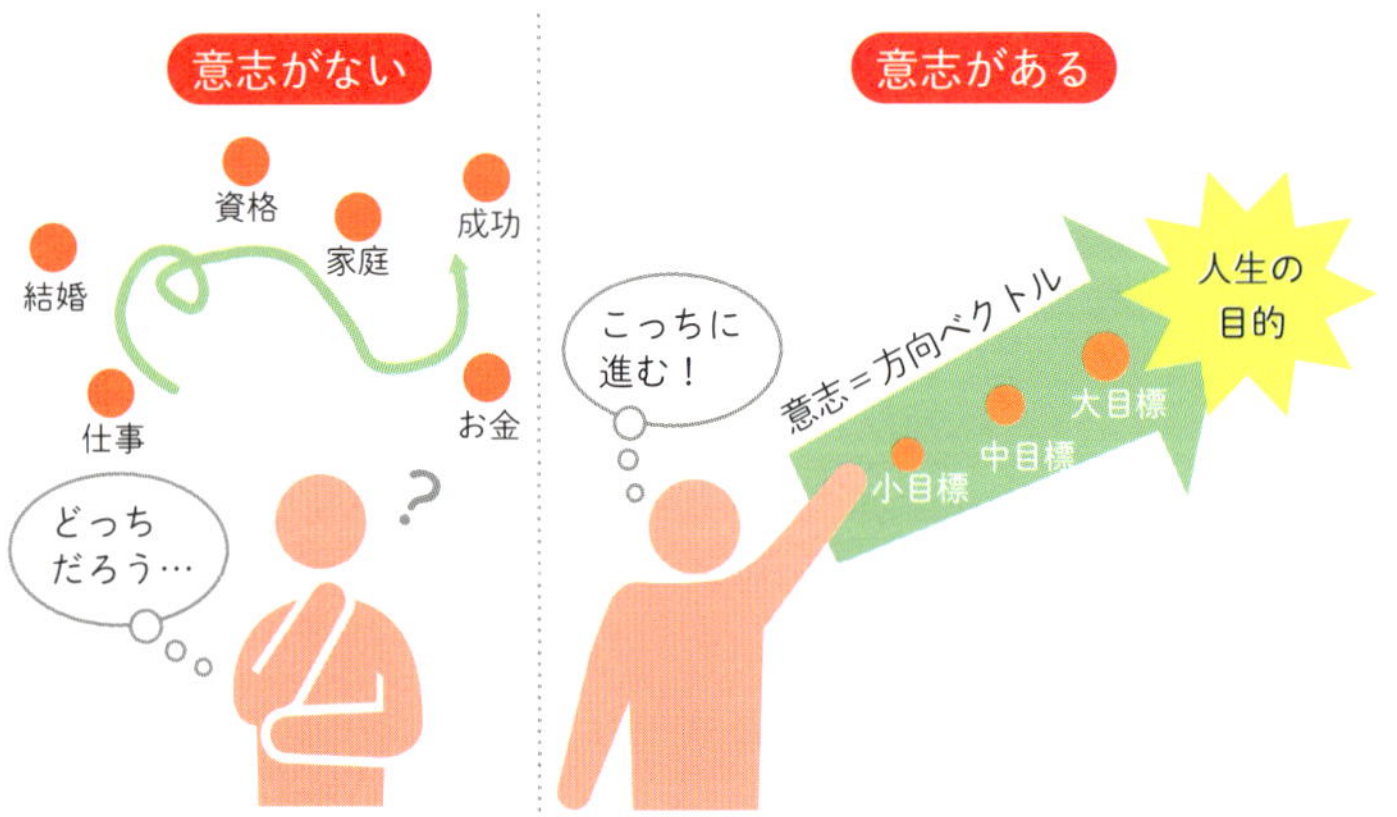

けれど、〝なんのために生きるか〟の方向が定まれば、本当の幸せは向こうから勝手にやってくることを塾長先生に教わったのです。

当時の私に芽生えた意志は、ただ一つ。

「塾長先生のような〝ひかりのごはん〟を作れる人になりたい」

だったら、塾長先生に弟子入りするしかない！

そう思い、大学に進学後、私の料理修行が始まりました。

そして同時に、明確な意志を持ったあの日から、私の開運人生が始まったのです。

みるみるうちに身体は元気になり、〝ひかりのごはん〟を食べるだけで無条件に幸せだと思えるようになりました。

塾長先生のもとにはあらゆる悩みを抱えた人達が、そのごはんを求めにいらっしゃいました。

先生のごはんを食べた人は、それぞれの開運に導かれていったのです。心身ともに元気になる人、悩みが晴れる人、夫婦円満になる人……、たくさんの人の人生が変わっていくシーンを何度も見せてもらいました。

その度に、「あぁ、先生が作るから、食材が喜ぶんだ。先生だから、料理にひかりが宿るんだ」と思いました。

先生のように、〝ひかりのごはん〟を作るためには、単なるレシピや技術を追いかけるのではなく、私自身の人間的成長が必要なのだと感じるようになったのです。

それから二年後、「御食事ゆにわ」の舞台ができ、私は十年以上ずっと〝ひかりのごはん〟を作り続けています。

本書では、「御食事ゆにわ」で大切にしている作法や、〝ひかりのごはん〟を作る秘密を書きました。

もちろんすべて書ききることはできませんが、本書に書いた内容は、みなさんのご家庭で実践できるものばかりです。

〝ひかりのごはん〟を作るには、特別な技術も経験も必要ありません。それを作れるような自分になる、という意志さえあれば、どなたでも可能です。

意志とは、強い目的意識のこと。ですが、さらにいえば、こんな未来になってほしいというイメージと、それが実現するまでの時間と、絶対にそうなるという確信です。

ぜひ、今からできることを実践してみてください。

おそらく初めて耳にするような話も多いと思いますが、今までの常識はいったん横に置いて、まっさらな気持ちで取り組んでいただけたらうれしいです。

みなさんのご家庭に〝ひかりのごはん〟が広がっていくことを願っています。

御食事ゆにわ　ちこ

Contents

もくじ

private school
who made me the food of "light".
y brother took me there.
wanted to be like him. I wanted to cook like him.
ese were my strong intentions I had for the first time in my life.

PART.2

This was the time my good fortune life has started.
body got better and better. I just felt so happy eating the food of light.

CHAPTER OPENING PAGE

PART.1

ひかりのごはんを作るために

ひかりを食べてキセキを起こそう

御食事ゆにわでは、小さなキセキが毎日のように起こります。

「なんでだろう、食べたとたん、涙が止まらなくなりました」
「ここで食べただけで、色々な悩みが一気に晴れました」
「人生で何が大事なのかわかりました」
「夫婦仲が良くなり、子宝を授かることができました」
「ずーっと続いていた偏頭痛がここにいるだけで、消えてなくなりました」

そんなお声を、たくさんいただいてきました。

普通では考えられないようなことばかりですが、どれも本当です。
実は、ほんの少し見方を変えるだけで、このようなキセキの謎が解けます。
では、どう見方を変えればいいのかと申しますと、〝すべての正体はエネルギー〟という視点を持つことです。

おいしい料理を作ることができるのも、
素敵な人とご縁で結ばれるのも、
苦手なことを克服できるのも、
仕事がうまくいくのも、
夫婦生活、親子関係が円満になるのも、

どんな幸運も、偶然、たまたま、起こっているのではなく、ちゃんと因果《いんが》があります。
あらゆる出来事は、目に見えない世界のエネルギーが〝現象化〟して起こっているのです。

人はつい、目に見える結果に囚《とら》われてしまいますが、本質は目に見えない世界にあります。エネルギーがないところには、どんな変化も、ましてやキセキも起こりません。

ですので、良い人生を歩むには、エネルギーを貯めることがスタートなのです。
そして、その最もシンプルかつ効果絶大な方法が、食事です。
だから、ちゃんとごはんを食べれば、間違いなく人生は変わります。

ここからは、「あぁこんな話もあるんだなぁ」という感じで、左ページ下の図を見てイメージしながら読んでみてくださいね。

食事の本当の目的は、お腹を満たすことではなく、エネルギーを高めることです。

では、〝エネルギー〟とは一体なんでしょう？

ここでいうエネルギーは、単なる熱量のことではありません。

「この世界に起こるすべての現象の原因となる働き」のことです。

あらゆる物質も現象も、もとをたどればエネルギーです。

普通の人の感覚ですと、目に見える大きい物・重い物の方が、たくさんエネルギーを持っているように思えてしまいますが、実は逆です。

エネルギーが高くなるほど、粒子が細かくなって目に見えなくなりますが、それらの粒子は超高速で振動していて、むしろ影響力は大きくなっていきます。

例えば「水」なら、一番エネルギーの低い状態は「氷」です。そこに熱エネルギーを加えると、溶けて「水」になり、さらには蒸発して「水蒸気」になります。

水蒸気になると、もはや目には見えませんが、エネルギーは水や氷より大きくなります。なんせ、巨大な機関車や船すらも動かせてしまうのですから。

さらにエネルギーが高い状態だと、より細かくなって最終的には、素粒子という物質の最小単位になります。量子力学では、粒子は波動という側面もあり、波動は情報を伝えることができるのです。

〝情報〟という実態がないものも、正体はエネルギーです。

つまり、ここでお伝えしたいことは、見た目は

■エネルギーの仕組み

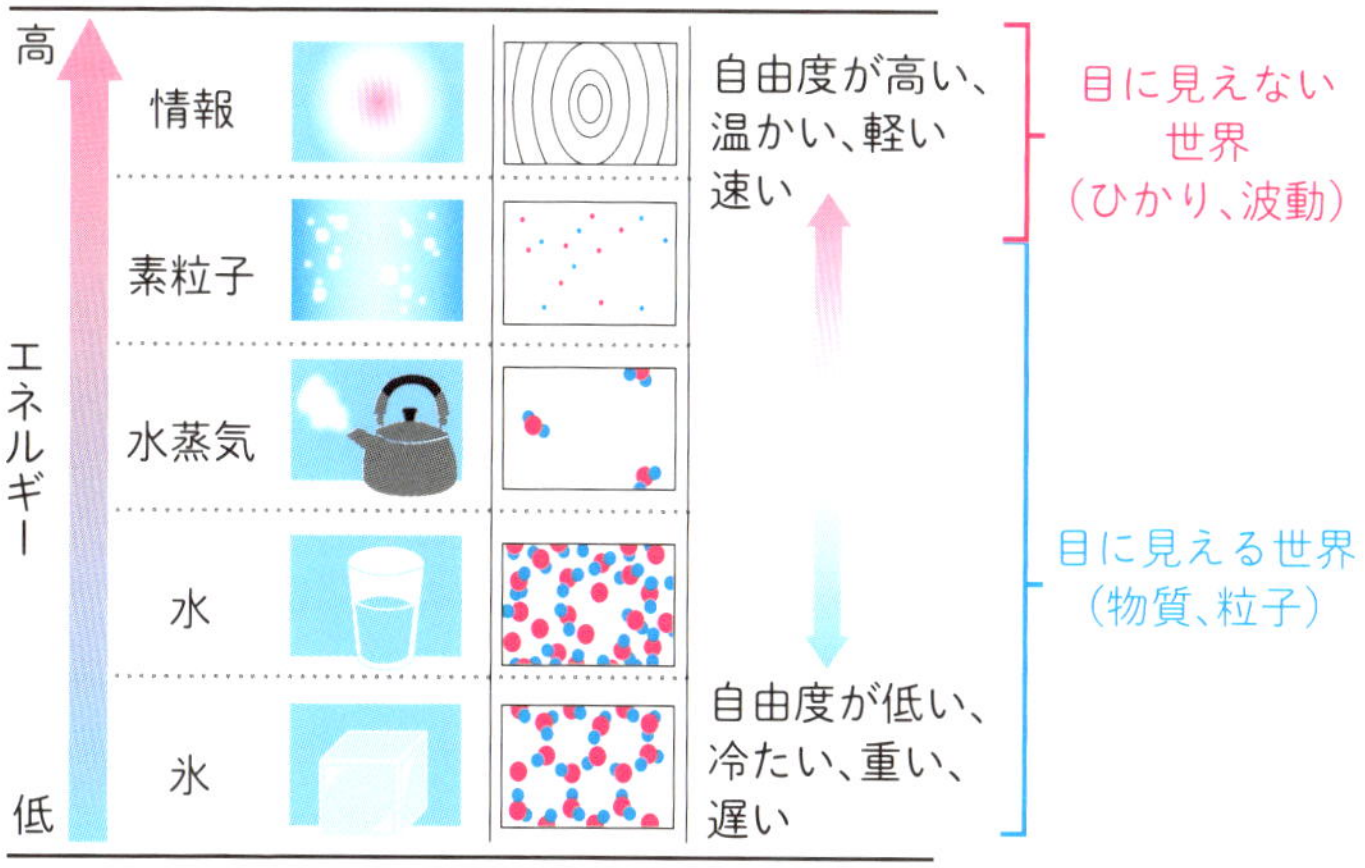

同じ一杯のごはんでも、どんな情報を込めるかによって、エネルギーの高い、低いが決まるということです。

料理において私が大切にしているのは、味、食材、盛り付けなどはもちろんですが、それ以上に〝どんな情報を込めるか〟です。


料理には、作り手の心の状態がそのままウツります。


イライラしながら、モヤモヤと悩みながら、イヤイヤ義務感で、しんどいなぁと冷たい気持ちで作れば、その情報が料理に入るので、いくら栄養素が高くても元気にはなれません。

だから私も、自分自身がエネルギーが高いこと、元気であることが大事だと思っています。

エネルギーがないのに、料理をしても、自己犠牲になるばかりで、いずれ底をついてしまいますからね。

調理した結果、もとの食材よりもエネルギーが下がってしまうなら、どれだけ食材にこだわっても、キレイに飾っても、作り手の自己満足になってしまいます。

エネルギーが上がるも下がるも、作り手の意識次第なのです。


機械的に調理して、お米をただの物質として扱って炊いたら、栄養摂取だけを目的とした〝炭水化物〟にしかなりません。食べても、お腹がふくれるだけ。
そこに愛情がこもると、ごはんのエネルギーは高まります。
お母さんが子どもを愛おしむ気持ち、
仕事で疲れた旦那さん、奥さんをいたわる気持ち、
がんばる仲間をねぎらう気持ち、
明日の元気をいただく感謝の気持ち、
そんな情報が込められた〝温かいごはん〟は、一層おいしくなるだけでなく、食べた人も温かくやさしい気持ちになったり、やる気が湧いたり、安心できます。
しかし、本書でお伝えしたいのは、さらにその一歩先にある〝ひかりのごはん〟です。

■「ごはん」のエネルギー

エネルギーが高まると、実は物質はひかりに変わるんです。

私は料理を作りながら、いつもそのひかりを感じています。

みんな本当は、ひかりが食べたいのです!

きっと、幸せになるために、それが必要だと魂が知っているのでしょう。

だから、料理のエネルギーを高めると、嫌いだった食べ物ですら「おいしい」と感じるような、不思議なことが起こるのです。

食べることって本当にすごいなぁと思います。

人生を変える近道は、ひかりのごはんを食べるこ

■エネルギーの使い道は「意志」で決まる

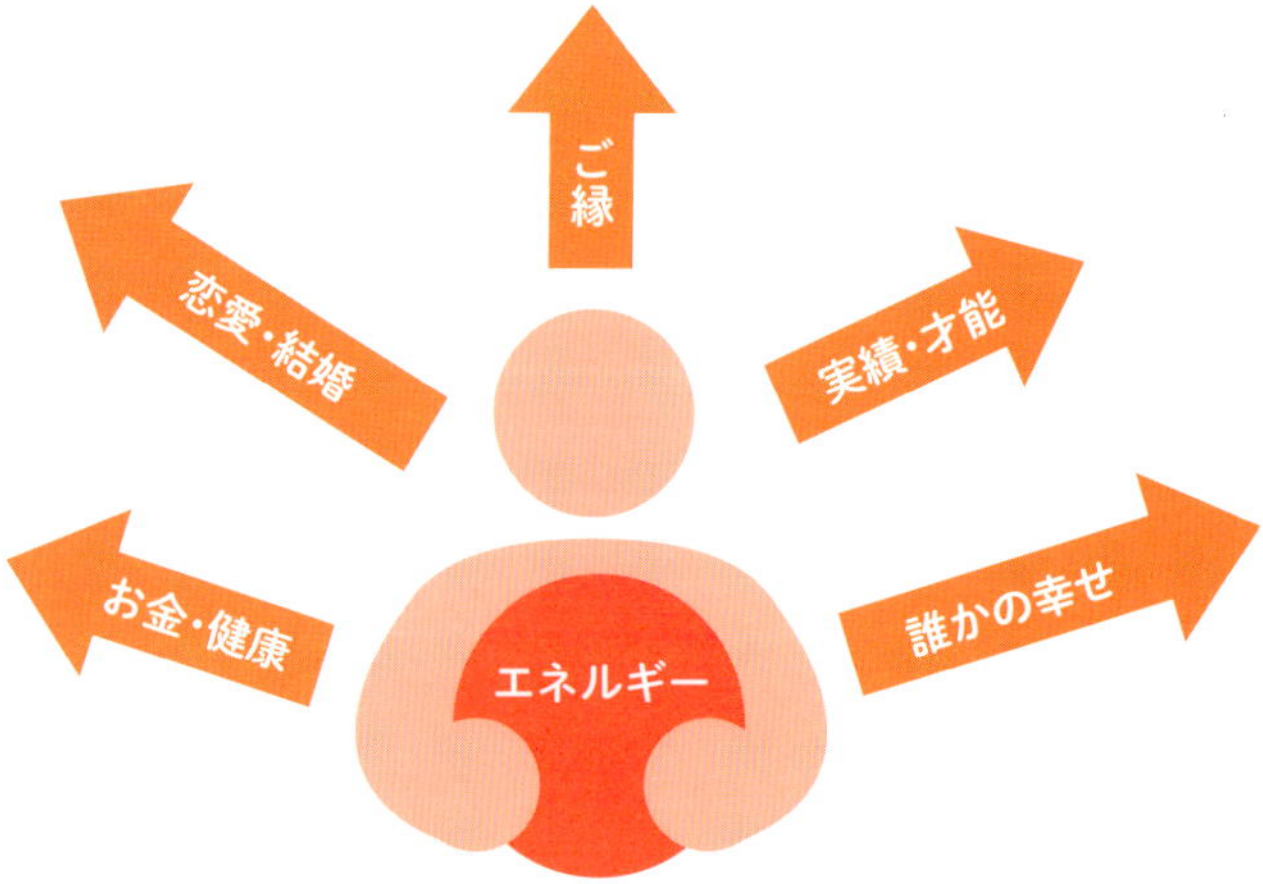

と。自分自身のエネルギーを高めること。
あとは、そのエネルギーを〝何に使うか?〟です。

お金、健康、恋愛、結婚、ご縁、実績、才能、誰かの幸せ……、エネルギーを何に変換するかは、あなたの意志次第。

せっかくいただいたエネルギーを、自分の幸せだけで終わらせたくない。求めている方におすそ分けしたい。私はそんな思いでゆにわに立ち、ひかりのごはんをお届けしています。

ひかりを食べることが
幸せへの近道

Eating "light" is the
shortcut to happiness.

アレルギーを超えて自由になろう

不思議なことに、ひかりのごはんを食べると、嫌いなものでもおいしく感じられます。それればかりか、どうやらアレルギーがある食べ物まで、抵抗なく口にすることができる場合もあるようです。もちろん、万人に当てはまる訳ではありませんが、ゆにわでは、そう言ってくださる方がたくさんいらっしゃいます。

以前、こんなことがありました。

ゆにわでごはんを食べている大学受験塾の生徒のある男の子が、山芋アレルギーだというのです。

どうして、そのアレルギーが発覚したのかといえば、中学生の頃、頻繁に体調を崩してしまい、その度《たび》に、数日前の献立を振り返ってみると、「山芋を食べていた」ということから、どうもコレが怪しい……となったのが発端だとか。

そして、市販のアレルギーチェッカーで検査したところ、見事に山芋アレルギーという結果が出たというのです。

それ以来、とろろやお好み焼きなど、少しでも山芋が入った料理は、一切、口にしなく

let's stop making an assumptio

なったのだそう。

実際に、間違って食べてしまった時には、肌にブツブツができたのだそうです。

でも、私はどうも釈然としませんでした。

それって、本当にアレルギーなのかなぁ？

なんとなく直感的に違和感を覚えたのです。


「ひと口だけでも、食べてみたら？」


本音は、そう言いたい気持ちでしたが、何も言わずに待つことにしました。

なぜなら、山芋入りのお好み焼きが出るたびに、周りの生徒たちがおいしそうにほおばる姿を、いつも彼がうらやましそうに見ていることを知っていたからです。

そして、数ヵ月が経ったある日、その子が自ら、言ってきました。

「あの、今日はみんなと同じメニューで……、お好み焼き、食べてみます！　なんか、ゆにわのなら、食べられるような気がするから」

その言葉を聞いて思いました。この子はきっと大丈夫だと。

そして、みんなと同じお好み焼きを出しました。

緊張した面持ちで、お好み焼きを食べる彼。

でも、次の瞬間に、ほころんだ笑顔に変わりました。


「うっわぁ〜、おいしいっす！」


それからというもの、彼はいくら山芋を食べても、まったく平気になりました。

同時に、これまでより明るい表情になり、さらに勉強に対する苦手意識までなくなっていったのです。

食べ方で性格まで、変わってしまうのですね。

もしこの時のお好み焼きが、エネルギーの低い、化学調味料がいっぱいのものだったら、きっと結果は違っていたと思います。

エネルギーの高いごはんなら、人の身体は喜んで受け入れてくれるのです。

もう一つの秘密。それは、彼自身の気持ちの変化。成長です。

アレルギーも、病気ですらも、多くの場合、〝自己暗示〟によって作られます。

例えば、学校に行きたくない、職場に行きたくない、あの人に会いたくない……そう思っているうちに、本当にお腹が痛くなってきて、休まざるを得なくなったとか。

友達に、「大丈夫？　なんか顔色悪いよ？」と言われて、「そうなのかな」と真に受けていると本当に気分が悪くなってきたとか。

「自分は病気だ」という思いは、自分への催眠になり、人の身体はそれに素直に反応します。ましてや、影響力の強い人、例えば親や医者などの言葉によって催眠がかかると、それを抜くのはひと苦労です。

アレルギーや食べず嫌いも、すべてとは言い切れませんが、大半は自己暗示が原因で、なかなか抜けきれません。

思い込みは、人から自由を奪うのです。

ですから、先ほどの彼が「ゆにわのなら、食べられるような気がして……」と、信じてくれた時点で、もうほとんどアレルギーは克服できたようなものだと思っていました。

逆に、いくらエネルギーの高い料理を出しても「これはダメ。苦手。アレルギーが……」という頑《かたく》なな思い込みの中にいると、なかなかひかりは届かないのです。

だから、もし「この子のアレルギーをなんとかしたくて……」と、ご家族が連れてこられたとしても、まだご本人が思い込みの中にいるうちは、同じ結果にはなりません。

あくまでこのような例は、時間をかけて築いた信頼関係の上に成り立つことですから。その下準備なしに、急にアレルゲンを含む物を食べさせるのはリスクが高いので、どうかご注意くださいね。

それにしても、最近の食物アレルギーの多さには、本当に驚きます。

小麦がダメ、糖質がダメ、お肉がダメ、卵がダメ、乳製品がダメ……。

その多種多様さといえば、十年前とは比較にならないくらい増えています。

その原因は、古き良き日本の食生活が失われつつあること。

発酵食品を食べなくなり、お腹が弱くなったこと。

化学調味料や保存料を使うのが当たり前になったこと。

豊かさゆえの偏食っぷり。

他にも、数え切れないほどあるでしょう。

KEPT GOING TO SCHOOL BECAUSE I WANTED TO SEE MY PROFESSOR.
MY BODY WASN'T WELL ENOUGH TO STUDY AT THAT TIME YET.
COULDN'T EVEN HOLD A PEN.

驚きとともに、「なんとかしないと、どんどんおかしな世の中になってしまう……」という思いに駆《か》られます。この異変は明らかに「現代の食事の、エネルギーが下がっている」という合図であり、警告だと思うからです。

それを、無視し続けていたら、どうなるかわかりません。

私は、大きなことをしようとするよりも、毎日の食事から糺《ただ》していくことを大事にしています。食を通じて、一人一人が過去の思い込みを超えていく。その小さなキセキが、いつか世界を変えると信じて。

過去の自分は
いいとこだけ
使えばいい

Just use your good part
of your past.

OPENING PAGE

日本の神話「斎庭の稲穂のご神勅」

今野可啓「斎庭の稲穂」（神宮徴古館所蔵）

Try what you can do now. Just do it with a brand_new
All I hope is that the food of "light" spreads out to you

むかしむかし……。

「高天原《たかあまはら》」という天上界にいらっしゃった
太陽の神・アマテラスオオミカミ。

いつものように、アマテラスオオミカミは
雲間から遠くに見える地上を
眺めておられました。

そこには、多くの人間たちの愚かさが見えました。
人々は私利私欲にあふれ、争い事は絶えません。
盗みを働く者たち、人を騙《だま》してお金を稼ぐ者たち。
食料は不足し、飢えに苦しむ者さえいたのです。

およそ平和とは程遠い世界がそこにありました。

アマテラスオオミカミは、嘆き悲しんでいました。

「この世界を変える手立てはないものだろうか……」
そこで、アマテラスオオミカミは
孫のニニギノミコトを呼びよせて
三つのご神勅《しんちょく》を下されました。

「これから、地上界に降りて、国を治めなさい。
天上界と同じく、栄え続けるようつとめるのです」

そして三種の神器である
〝草薙剣《くさなぎのつるぎ》〟と〝八坂瓊曲玉《やさかにのまがたま》〟を
ニニギノミコトに渡されました。

次に〝八咫鏡《やたのかがみ》〟を手にとり、告げられました。
「この鏡を私だと思っていつも側に置きなさい。
そして、志が折れそうになったら、
そこに映る我が身を見て、使命を思い出すのです」

Moreover, if you have the image of your better future, the story of your life
o that image, and to be confident to the future.

最後に、黄金の稲穂を掌《てのひら》にのせて仰せになりました。

「これは斎庭《ゆにわ》の稲穂といい、私の魂の一部です。
すべての光がここに宿っています。
この稲穂から、お米を育てなさい。
そうすれば地上も、天上界のような
稔《みの》り豊かで平和な国になるでしょう」

激励《げきれい》を受けたニニギノミコトは地上界に降り、
斎庭の稲穂を日本中に振りまき、広めていったのです。

いつの世も平和であるよう祈りを込めて。

幾度か季節が巡る頃には、国中にみずみずしく
美しい稲穂が育つようになりました。

その光景から日本は、
〝瑞穂《みずほ》の国〟と呼ばれるようになったのです。

そして、世の争いはなくなり、
久しく幸せで実り豊かなひかりの国になりました。

Moreover, if you have the image of your better future, the story of your life
that image, and to be confident to the future.

プチ新嘗祭をやってみよう

日本には古来から、五穀豊穣《ごこくほうじょう》を祝う、「新嘗祭《にいなめさい》」という伝統行事があります。

「新嘗」とは、その年に収穫された新しい穀物のこと。
毎年十一月二十三日に催《もよお》される宮中《きゅうちゅう》の祭事です。

今では勤労感謝の日とされていますが、本来は、天皇陛下がその年にとれた新穀を神様にお供えし、収穫の感謝とともに自らもお召し上がりになる神事の日だったのです。

この祈りの儀式は、神話「斎庭《ゆにわ》の稲穂のご神勅《しんちょく》」を再現するものであり、高天原《たかあまはら》から降りてきたひかりを、現代に引き継ぐ大切な役割があります。

つまり、天皇陛下の祈りの真意は、「その年にとれたお米に、アマテラスオオミカミのひかりを吹き込む」ということなのです。

There are gods in every piece of ric

このお米からいただくひかりこそが〝日本人らしさ〟の源です。

東日本大震災の非常時、混乱の中で略奪もなく、配給を整列して待ち、譲《ゆず》り合いを忘れない被災者の写真が、世界中の人々の心を打ちました。

日本人のいいところは、それだけではありません。

助け合うやさしさ。礼儀正しさ。忍耐力。
自分だけが目立とうとしない、他人を立てる奥ゆかしさ。
汚い手で勝つくらいなら、堂々たる負けを選ぶ潔《いさぎよ》さ。
落とし物を届ける親切さ。もったいない精神。
季節を味わう感性。自然を愛する心。言葉の美しさ。
丁寧な仕事。おもてなしの心。清潔さ。
損得を省《かえり》みず、義を重んじる大和魂《やまとだましい》。

こうした日本人らしさを根底で支えてきたのは、お米からいただくひかりなのです。
米の「こ」は、「こめる」という意味。「め」は「恵み」という意味合いがあります。

つまり「こめ」は、「(神様からの)恵みが込められたもの」という意味になります。

また、稲の「い」は「いのち」、「ね」は「根っこ」という意味があり、これも日本人の命を支えるという意味が含まれているのです。

近年では、食事が欧米化して、お米離れがすすんでいます。

それも「和をもって貴《とうと》しとなす」日本人精神で、異文化をうまく取り入れている、ともいえますが、その根幹《こんかん》を失っては元も子もありません。

お米を手放すことは、大和魂を失うことを意味します。これは由々《ゆゆ》しき事態でしょう。

私は新嘗祭の日に限らず、一粒一粒のお米の奥に、いつもアマテラスオオミカミのひかりを見ています。

自分自身の見立て次第で、誰でもそのひかりを引き出すことができるのです。

ここでは、自宅でも行える、プチ新嘗祭の儀式をご紹介します。

【プチ新嘗祭の儀式】

〈準備するもの〉
炊飯する前のお米
水を入れたコップ　二個

〈手順〉
一、炊飯する前のお米と、水を入れたコップを二個用意して目の前に並べます。
二、目の前にある、お米とコップに向かって、二礼、二拍手します。
三、「斎庭の稲穂のご神勅」の神話を思い起こし、天からのひかりが地上に降りて来て、豊かな稲穂が稔《みの》り、目の前のお米はひかりそのものだと、ありありとイメージします。
四、次に「**このおコメの本質を　悠紀《ゆき》の水　主基《すき》の水で　みそぎはらいて　天空よりちまたに　むすびたまえ**」と唱えます。

I WANTED TO BE LIKE HIM.
I WANTED TO COOK LIKE HIM.THESE WERE MY STRONG INTENTIONS I HAD FOR THE FIRST TIME IN MY LIFE.

五、一礼して終了です。

儀式を終えたお米と水は、どんな用途でも構いませんので、神様のひかりが宿ったものとして、ありがたくいただきましょう。

日本人にとって、お米は別格の存在なのです。もはや栄養素などで、その価値をはかれるようなものではございません。

お米をひかりだと思って
食べると
心が強くなる

Think rice as a "light",
and it makes your heart brave.

愛を思い出そう

目の前のごはんには、天地《あめつち》の恵みと、人と人とのつながりがかかわっています。

太陽の恵みを一身に受けて育った野菜たち。その野菜を育ててくれた農家さん。朝早く市場に届ける人、食材を選別する人、新鮮な野菜をおいしく調理する料理人、その料理をいただく私たち。

それが、たった一杯のごはんの中に込められています。
そして、私たちはそのごはんをいただくことによって生かされているのです。

とはいうものの、私は当たり前のように食があふれている時代を、生きてきました。作り手の苦労が見えることもなく、命をありありと感じることもなく、お金を払えば、その分の食料が手に入ることが当然のこととさえ思っていたのです。

でも、それは間違っていました。

本気でこの国の食を良くしたいと奮闘している農家さんに多く出会い、その度《たび》に、何も見えていなかった自分を恥じました。

いい野菜を作ろうとすればするほど、邪魔が入り、理不尽だらけで、それでも本当に良い、野菜作りを諦めない農家さんたちがいました。その農家さんたちが作る野菜はすべておいしいんです。


とはいえ、自然を相手にされていますから、

「作っていた大根が全部イノシシにやられたから大根がないねん」

「サルが出てくるからうまいこと育たへんくてな」

といって、ほとんど野菜がもらえない時期もありました。


目の前の野菜たちがうまく収穫できた背景には、そこに至るまでにダメになった野菜たちがあり、周囲の理解が得られず報われなかった辛さがあり……、本当に尊いものです。

私たちは、その農家さんたちの人柄が好きで、野菜を買っているのだと思います。

その人そのものがウツっていて、芯があって、繊細で甘い野菜。

ムダにはしたくありません。

こうした方々の陰の努力で、日本の食卓は支えられています。

できればその真剣な眼差《まなざ》しを日本中の方に見てほしいと思うほどです。

作り手の立場としてそのことを感じると、おいしく食べてもらいたいと思うのはごくしぜんなことです。

命の尊さは本来なら、暮らしの中でおのずと身にしみて感じるものだと思いますが、今の世の中では必死にならないと感じられないのかもしれませんね。

畑や田んぼ、酪農家や漁師さんを訪ねて、食材の裏舞台を、自分の目で見に行くのも一つの手でしょう。食への意識が、少しずつ変わっていくはずです。

でも、食材の中には、愛を知らずに育ってきた食材もあります。

そんな場合には、作り手が教えてあげればいいのです。

例えばコーヒー豆があるとしたら、私はこのように語りかけます。

「本当はね、あなたは、たくさんの愛を受けて、ここまで来たんだよ。

お店で焙煎される前には、運送してくれた人がいて、輸入した人がいて、大きな船でやって来たんだよ。

港に着くまでトラックに揺られ、その前には加工場で洗われ、乾燥の工程もあったよね。

農家さんには、一粒一粒、摘んでもらったんだ。

たわわに実ったのは、さんさんと照る太陽、雨風と大地、虫や微生物たちのおかげ。


はじめは小さな苗だった。そして種だった。

その種のDNAは、神様の世界から降りて来た設計図。

イヤな想いをして、傷ついたこともあったかもしれない。

でも、それは今の幸せのために必要だったんだよ。

あなたはもともと、神様が作ったの。

はじめから、愛されていたんだよ」

BUT WHEN I STARTED EATING THE FOOD OF "LIGHT" WE HAVE,
MY BODY STARTED TO CHANGE.
ALL THE PIMPLES WERE GONE, AND SO AS MY NEGATIVE FEELINGS.

そうやって、一緒に思い出してあげる。
するとコーヒー豆が、やさしい表情に変わるんです。
みんなはじめから、神様に愛されている。ただ、忘れていただけ。
きっと人も、同じことでしょう。

食材、人、もの。
その背景の愛まで
感じとれる人が
神様から愛される

A person that can feel its background
will be loved by god .

心の目でちゃんと見てあげよう

食材の質にこだわることは大切です。
けれど、もっと大切なことは、食材のエネルギーを作り手が高めてあげることです。

もちろん理想はエネルギーの高い食材を使うこと。
でも現実は、なかなかそうもいかないでしょう。
特売の安い食材、残りものの食材を調理することもあると思います。

そんな時に、「これは、安物だから……」なんて思っては、野菜が泣きます。

エネルギーの低い食材でも、作り手の意識の持ち方一つで高められるのです。
高くする秘訣は、〝どれだけ見てあげたか〟に尽きます。
量子力学では、素粒子のふるまいは、観察される前と後とで変わるといいます。
何かを〝見る〟とは、何かが〝変わる〟ことを意味するのです。

When someone's looking at you
it changes your energy.

例えば、良い野菜とは、ずっと目をかけられ、見続けられてきた野菜です。

品種がどうとか、農法うんぬんだけでは決まりません。


見続けるには、やさしさ一辺倒《いっぺんとう》でもダメ。過保護では芯が育たないからです。

手助けすべきか、あえて厳しく育てるべきか、そのタイミングはずっと心の目で野菜を見続けていないと、見極められません。

ゆにわの仕入先には、野菜を出荷する時、

「娘を嫁にやるようなもんだよ」

といって、喜びと、ほんの少しさみしい気持ちが同居したような、やさしい顔をしてくれる農家さんがいます。

自然農法ですから、見た目がボコボコで、キレイとはいえない野菜もあります。

それでも、その方にとっては自慢の娘だから、関係なく、みんなかわいいのです。

良いところも、悪いところも、全部ひっくるめて、ちゃんと見てあげてるんだなぁ、ということが、ひしひしと伝わってきます。

だからでしょう。その野菜たちはみんな、この上なくおいしい。

どんな物も、見られていないと、エネルギーが下がっていきます。
誰かに見てもらっているから、エネルギーが高くいられるのです。
料理でも、人付き合いでも、すべて同じだと思います。
ここで、自宅でできる、食材のエネルギーを高める方法をご紹介します。
「本当にそんなことで変わるの⁉」と思われるかもしれませんが、
大事なのは、初めにお伝えした通り、「必ずそうなる」と確信して行うことです。

【食材のエネルギーを高める方法】


左ページ下の写真を参考にしながら、二種類のトマトもしくは野菜を用意します。

一つは、愛情をかけて育てられた元気いっぱいのトマト（右）。

もう一つは、ごく一般的なスーパーなどで販売しているトマト（左）です。

左のトマトは、収穫してから少し時間が経っていて、右のトマトと見比べると、どこか元気がなく、愛情不足の感は否めません。いわば、エネルギーが低いのです。

まず、机の上に、元気のないトマトと、元気いっぱいのトマトを横に並べて置きます。

ご自宅にスーパーで購入したものしかない場合は、比較的元気のよいトマトを横に並べます。そして、ゆっくりと二礼二拍手をしたあと、トマトに次の言葉をかけます。

「この元気いっぱいのトマトが、おいしくなった物語《ものがたり》よ、（元気のないトマトの方へ）ウツれ！」

元気いっぱいのトマトが持つ記憶が、元気のないトマトの方にウツっていくことを、ありありとイメージしながら、行うことが大切です。

もしイメージしにくければ、それぞれのトマトの前に火の点いたロウソクを燭台などの上に立て、先ほどの言葉をかけながら、まるで聖火リレーのように、右のロウソクから左のロウソクへと点火していくとより鮮明に効果が表れます（52ページ参照）。

火を取り扱う際には、十分に注意して行いましょう。

実際にやってみると、さっきまで元気のなかったトマトが目覚めたかのように、みるみる鮮やかに見えて

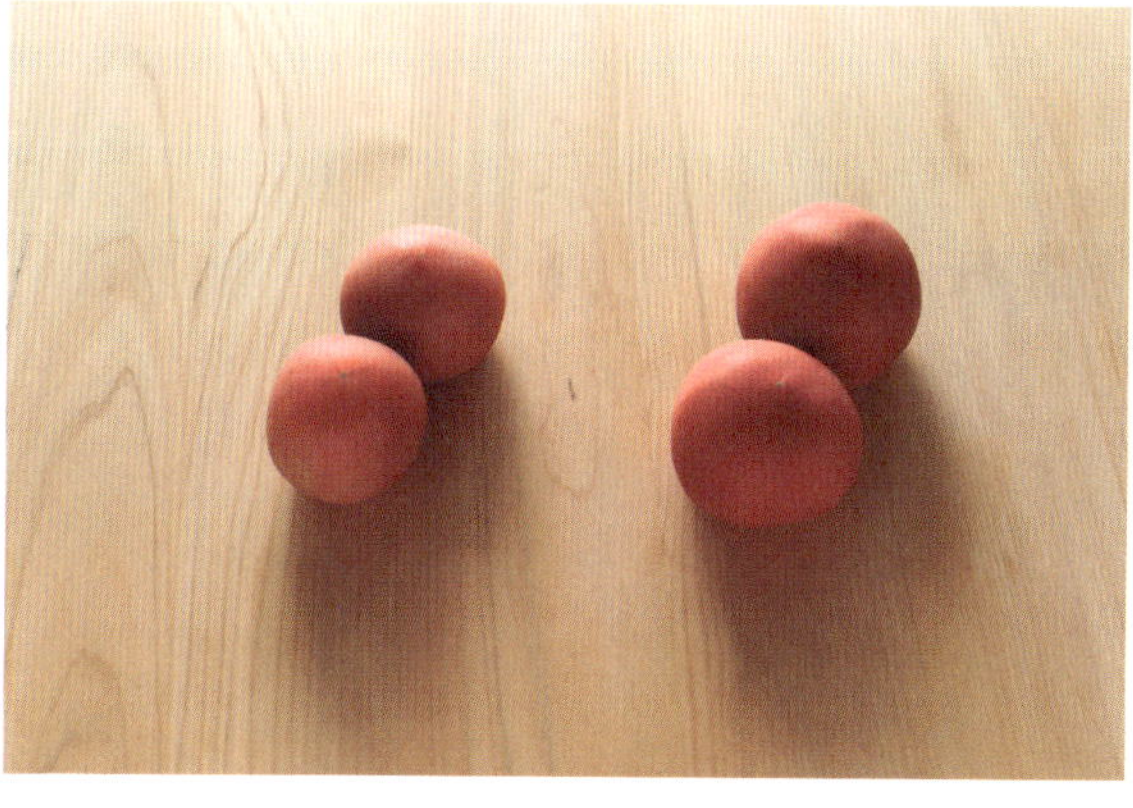

くるから不思議です。そして、食べると、もとの味より断然おいしくなっていて、また驚きます。

これは、どんな食材でも活用できる方法です。

どんな食材も「これは良い」「あれはダメ」と偏見の目で裁かず、ひかりがあると信じて見てあげる。そうすれば毎日の食卓にひかりをお迎えすることができるのです。

十分に見てあげたら
才能が開花する

Ability flowers when you look at it to the ground.

■エネルギーを高める方法

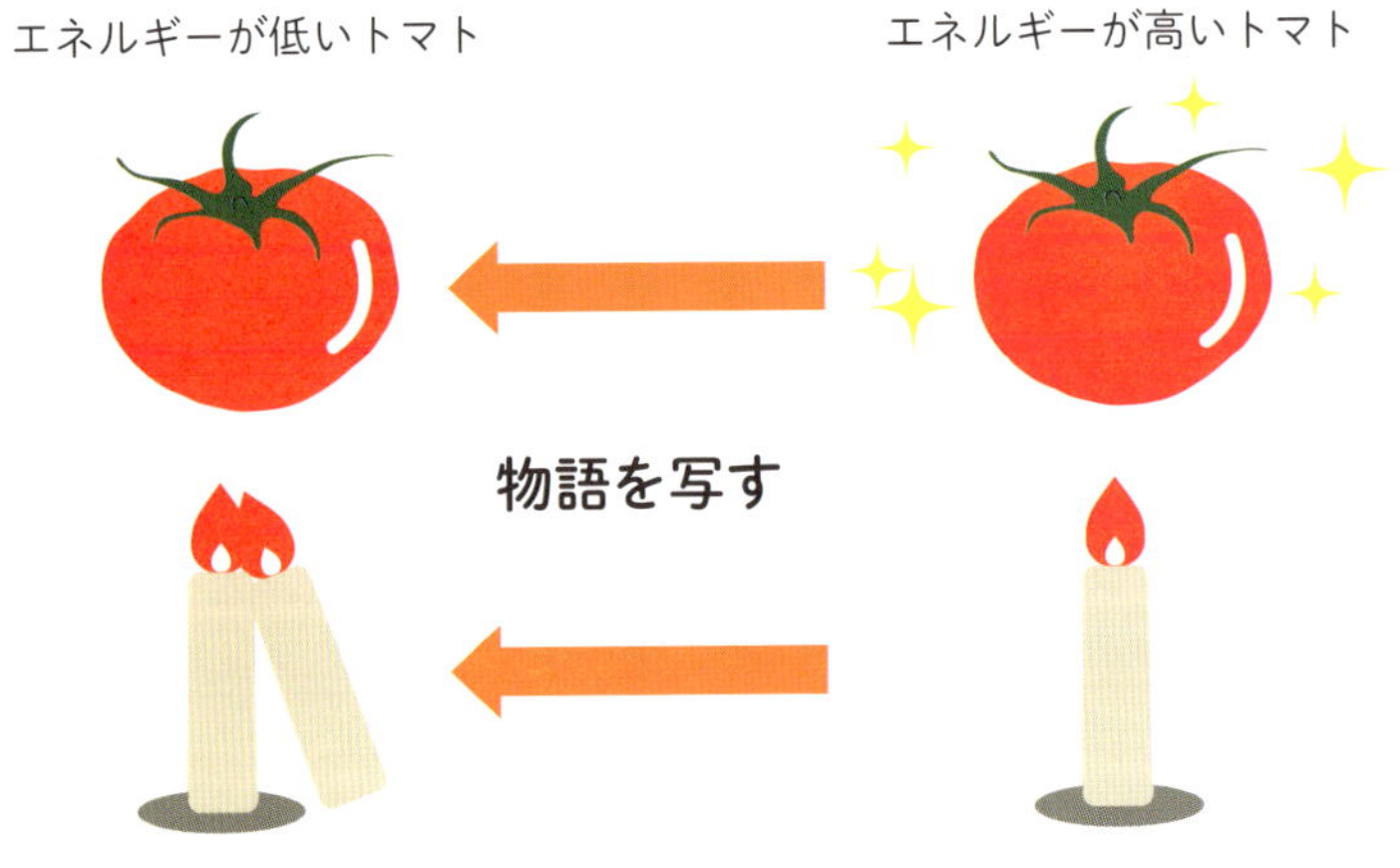

ピッキングでお米のひかりを引き出そう

御食事ゆにわのオープン以来、ずっと行っている儀式があります。それが〝お米のハンドピッキング〟です。

このハンドピッキングは、白米でも玄米でも、ごはんを炊く前に、バットの上に広げて、割れたり汚れたり元気のないお米を、丁寧にピッキングして取り除いていくもの。小さなお米を一粒一粒見ていくのですから、もちろん時間も労力もかかります。

ハンドピッキングして取り除くのは、お米の状態にもよりますが、一合のお米に対してわずか三粒～十粒ほどです。たったそれだけの違いで、本当に味が変わるの？　機械でしたほうが速いんじゃ……、と思われる方もいらっしゃるかもしれません。

けれどハンドピッキングの真の目的は、食べてくれる人の幸せを祈りつつ、お米の一粒一粒に目をかけていきながら、「君たちは、神様の世界から降りて来た〝ひかり〟なんだよ」という記憶を、思い出してもらうことなのです。

Choosing rice by han

ですから、私たちはこのひと手間を大切に守ってきました。
儀式として行うことで、おいしくてキレイで、エネルギーの高いお米に品上がるのです。
ご自宅でも次のような形でハンドピッキングを行うことができます。

【お米のハンドピッキングの方法】

〈準備するもの〉
お米（好みの分量で）
ボウル　二個
計量カップ
白いバット（ハンドピッキング専用にする）
小さいタッパー
タイマー

〈手順〉

一、お米を入れたボウルと空のボウル、計量カップ、バット、小さいタッパーを用意し、清潔で整えられた場所に置きます。心を静めてから、二礼二拍手します。

二、そして、「**神様、私○○○○（自分の名前）は、○年○月○日のお米選別の儀を行わせていただきます。どうぞ、ご許可願います。許す！（自分で許可する）すべて魂の栄養となりますように**」と唱えます。
次に、31ページの「斎庭の稲穂のご神勅」をイメージしながら「**アマテラスオオミカミ**」と十一回唱えます。

三、ボウルの中に入れたピッキング前のお米を計量カップで一合分すくい、バットに入れます。その中から、黒ずんだお米、淀んだお米、割れたお米など、エネルギーが低そうなお米を小さなタッパーにょけていきます。

*目安は一合当たり一分です。ゆにわでは、薄手のゴム手袋とマスクを着用して行います。タイマーなどで計りながら行ってみても良いでしょう。

四、バットに残ったきれいなお米をもう一つのボウルにすべて入れます。

必要な分量のピッキングを終えるまで、三、四の工程を繰り返し行います。

WHAT ARE INTENTIONS?
THOSE ARE STRONG PURPOSE SENSE
IN THE FINAL ANALYSIS IT COMES TO
"WHAT YOU LIVE FOR".

五、すべてのお米を選び分けたら、道具をきれいに拭いて片付けます。
そして、最後に、

「神様、これにて、○年○月○日のお米選別の儀を終わらせていただきます。ありがとうございました」と唱え、一礼して終了です。

お米のエネルギーをさらに高めたい場合は神棚の前で行うと良いでしょう。

取り除いたお米は、庭や畑に撒《ま》いて、自然に還《かえ》してあげましょう。

ピッキングは
自分の闇も
相手の闇も
宇宙の闇も
取り除く

Picking clears everyone's darkness,
even space darkness too.

感覚センサーを磨いて本物を見抜こう

私は、十年以上、添加物や化学調味料を買わない、使わない、食べない生活をしています。

添加物や化学調味料を摂《と》る生活をしていると、自分のエネルギーが下がり、味覚をはじめとする感覚がおかしくなるだけではなく、愛がわからなくなってきます。

愛がわからなくなると、愛を出せなくなってきます。

いくら、正しい栄養素をとっていても、愛がなければ、ひかりのごはんは作れないのです。

最近では、食の意識の高まりから、「無農薬」「無添加」「自然食」「オーガニック」という食品表示がちまたにあふれ、ずいぶんと手に入りやすくなりました。

しかし私は、そういった表示を当てにしません。

「表示があるから、いい物」とは限らないということを、身をもって経験してきたからです。

そういった表示の裏には、落とし穴があります。

Your love changes your worl

例えば、無添加、無農薬とうたった食材を購入したり、それらを販売している食品店に行ったとしても、エネルギーの高いものや低いものがあって、玉石混交《ぎょくせきこんこう》なのです。

それは、一般的には良いイメージの言葉を使い、安全を気遣ったものだとうたっているわけですが、それらを使っても「元気にならない」「エネルギーが上がらない」ということが度々ありました。むしろ、元気が奪われるような事態もあったのです。

なんでだろう?

そういつも考えて観察していましたが、どうやらその原因は、食材に作り手の心までウツっているからだと悟ったのです。

安全なものを作る理由は人それぞれです。
もちろん多くの方は、純粋な思いや使命感から作っておられます。
しかし、様々な理由がある中で、必ずしも作り手がいい人であり、いい想いで向き合っているとは限らない、という事実があったのです。損得勘定、強迫観念、競争心、義務感、優越感……そういったもろもろの自由度の低い考えが隠れている場合です。

さらに、作り手自身にエネルギーがなければ、たとえお心が良くても、知らぬ間に目の前のものからエネルギーを吸い取ってしまうので、食材はもぬけの殻になってしまいます。

そうしたごはんを食べても元気にはなりません。その時には気がつかなくても、あとでどっと疲れたり、ネガティブになったりします。

それくらい、作り手の状態は大きく影響するのです。

いつの間にか愛を忘れ、イヤイヤ作っていたら、いくら無農薬でも愛のあるごはんから遠ざかってしまいます。

「こういう食事はダメ」と〝正しさ〟ばかりを求めすぎるのも、落とし穴です。

理論に偏って善悪に縛られすぎると、他を排除する考え方になり、心が冷たくなっていき、命を扱う上で欠かせない「感謝」「祈り」「温かさ」を忘れてしまうからです。

ストレスを抱えながら作っても、そのストレスが食べ物にウツりますから、自然食すら毒になり得ます。だから、表示だけでは判断しきれないのです。

結局のところ、自分の感覚センサーでの判断が求められるということ。

感覚が鈍感になっていては使い物になりませんから、日頃から食べるものに気を付けて、危険を遠ざけ、感覚に磨きをかけておくことが大切です。

エネルギーの高い状態を保っていれば、表示を見なくても、ちゃんと〝いい物〟が選べるようになります。

それどころか、高い波動に共鳴し合うように、不思議といい食材、いい人、いい店、いい情報が集まってくるようになるのです。

見た目より中身
言葉より行動

Who you are is more important than how you look.

食の歴史を変えよう

私が開催している食の講座では、「調味料を比べてみようの会」を行います。

まず、二つのテーブルを用意します。

一つめのテーブルには、いつも私が使用している醤油、味噌、油、砂糖などの調味料を並べます。どれも職人さんの手で丹精込めて作られた、本物の調味料です。

もう一つのテーブルには、保存料、香料、甘味料などが入った化学調味料を並べます。

成分表示は見ず、自分の感覚器官だけを頼りに、両者を味比べするのです。

するともう、違いは歴然！　みなさん目を丸くしてびっくりされます。

「普段はおいしいと思って食べていたのに、すごく舌がヒリヒリする……」

「この甘さ、なんか身の危険を感じる！　今までこんなもの食べてたんだ……」

化学調味料の刺激的な味にも、人の感覚はすぐに慣れてしまいますから、この両者の違いは、同時に比べないとなかなか感じられません。興味がある方は、ぜひ実際にやってみてください。本当に驚きますから。

ひかりのごはんを作るファーストステップは、調味料選びに妥協しないことです。

どれほど良い食材を揃えても、化学調味料が少し入るだけで、料理のエネルギーはどーんと下がって、せっかくの味も香りも、水の泡になってしまうからです。それどころか、化学調味料を摂《と》り続けると、自分自身のエネルギーまで下がってしまいます。

今の日本人は、一人平均で年間七キログラムもの添加物を摂取しているのだそう。みんな違和感なく口にしていますが、それらは本来〝食べ物〟ではなく、味、香り、食感を強調したり、腐らせないための〝薬品〟です。

白砂糖やグラニュー糖、三温糖など、化学的に精製される砂糖も同じで、身体と心に様々な不調をもたらすことが世間でも認知されるようになってきました。

感覚器官のセンサーが正しく働いていれば、身体はそれを受け入れようとしません。

私も高校生の頃は、不自然なものを食べたとしても、身体はノーリアクションでした。でも、身体の中に毒素がたまりにたまってきた時に、一気にニキビになって出てきたり、謎の頭痛に襲われたり、お腹を壊したり……、の繰り返しでした。

今は、ゆにわの食事だけを食べているおかげで、昔よりハードスケジュールだけれど、十七歳の時より、よっぽど元気です。

良い調味料に変えるだけで、毎日のごはんは格段においしくなり、自分も家族も元気になれます。それに、本物を選ぶということは、安価で大量生産される化学調味料が増える中、昔ながらの製法を懸命に守り続ける職人さんを応援することにもなるのです。

とは申しましても、費用面や、様々な理由で、やはりすぐに調味料を変えられない場合もあるでしょう。

そういう時のために、調味料のエネルギーを高める方法もあります。

【調味料のエネルギーを高める方法】

〈準備するもの〉

・極上たまり醤油（なければ無添加の醤油）

・化学調味料の醤油

・浄水されたきれいな水　適量

〈手順〉

一、エネルギーの低い化学調味料の醤油をボトルごと、できる限り浄水されたきれいな水に浸します。

醤油が持っている情報を水に流して、いったんリセットするようなイメージで行ってください。

赤ちゃんをお風呂に入れるように、やさしく行いましょう。

二、化学調味料の醤油を水から取り出したら、次に、極上たまり醤油を、化学調味料の醤油の中に、一滴たらします。

三、極上たまり醤油が持つ良い記憶を、ウッすようなイメージで次の言葉を唱えます。
「この極上たまり醤油がおいしくなった物語よ、（エネルギーの低い醤油の方へ）ウッれ！」

四、最後に、エネルギーの低い化学調味料の醤油を、両手で頭上に掲《かか》げて、そこへひかりが降りてくることをイメージします。
これで、エネルギーが高くなった醤油の完成です。

たった一滴で変わるなんて信じられない、と思われるかもしれませんが、儀式として行えば、本当に驚くほど変わりますから、ぜひ試してみてください。

情報さえ伝われば、わずか一滴でも、劇的に変わるのです。

今の自分が選んだものが
未来の子どもの当たり前
責任重大

Its what we choose now for
our child's future.

火の神様とつながろう

日本の台所には、昔から神様がいらっしゃいました。
台所にかまどがあり、朝早くからごはんの甘い香りを漂《ただよ》わせていたものです。

そのかまどの上に神棚をしつらえ、「竈三神《かまどさんしん》」と呼ばれる神々を祀《まつ》り、一家の繁栄と火事が起こらないよう日々祈り、神様と一緒に料理をしていたのです。

竈三神は、奥津彦神《おきつひこのかみ》、奥津姫神《おきつひめのかみ》、そして、火を司《つかさど》る迦具土神《かぐつちのかみ》と呼ばれ、かまどを守り、台所を清浄に保つ働きがあります。

昔は、火を起こすには時間も労力もかかり、並大抵のことではありませんでした。
山から薪《たきぎ》を拾い集め、割り、かまどで火をたき、料理を作り、寒い時には暖をとる。
スイッチ一つひねれば、カチッと火が点く現代では想像もしがたいことです。
けれど、それだけ火が貴重だったからでしょう。昔の人の方が、火のエネルギーの正しい使い方を知っていたような気がします。

Everyone has something to spakle.

ゆにわでは、土鍋でごはんを炊くことが日課です。その時には必ず火の神様にお祈りを捧げてから火にかけます。火の神様のさじ加減ひとつで、同じごはんでも、炊き上がりがまったく違うのです。

私は、このことを知るまで、レシピを見て、弱火だとか中火だとか、書いてあることを優先していました。目の前の火を感じるのではなく、ただの作業のように火を扱っていたのです。当然といえば当然ですが、そんな私は、火入れが得意ではありませんでした。今ふりかえると火に嫌われていたように思います。

ゆらゆら揺れる火には不思議な働きがあり、じっと見つめていると、まるで瞑想状態になります。お祭りやキャンプファイアーで気分がハイになるのも、キャンドルの火に癒しを感じるのもそう。

調理中も、揺れる火そのものを、ちゃんと見ることが大事です。

私はコンロのつまみは当てにしません。腰を落として、火の大きさ、勢い、輝きを自分の目で必ず見つめます。実はこの〝見つめること〟が、火のエネルギーを目覚めさせる祈りにもなっているのです。

神様の世界には、「火とは、こういうもの」という〝火の本質〟があります。それが火の神様です。世界中のありとあらゆる火は、その本質のコピーであり、いわば〝火の粉〟のようなものなのです。


ゆらゆらと揺れる火をよくよく眺めてみてください。

きっと、その中で、ひときわ明るく輝いているところが見えてきます。

それは、火の〝中心〟です。

なんとなく、でも構いません。自分で〝ココだ〟と思う一点を定めるのです。

そして、じっとその中心を見つめる。

すると、火の神様につながることができるのです。


その瞬間、火のエネルギーによって、心の雑念が燃えて、なんとも清々しい気持ちになります。そして、火はますます輝きを増して、料理のエネルギーを高めてくれます。

ちなみにこの〝火の本質〟と〝火の粉〟は、神様と人間の関係にも当てはまります。

神道では、人の魂のことを〝分《わ》け御魂《みたま》〟といいます。

神様の心ともいえる神魂《しんこん》を、分け与えてもらったという意味です。

つまり、どなたの心の奥にも、神様がいらっしゃるということなのです。

そして、その内なる神様につながる入口があります。

それが〝瞳〟です。

相手の奥に神様を感じながら、瞳の中に、綺麗に輝く一点を見つけ、じっと見つめます。

すると、その人の本質にアクセスできるのです。本質をやさしい眼差《まなざ》しで見つめられると、人は心も表情もゆるみます。

どんな人にも、必ず輝く一点がありますから、それを見つけるのです。

■火の本質

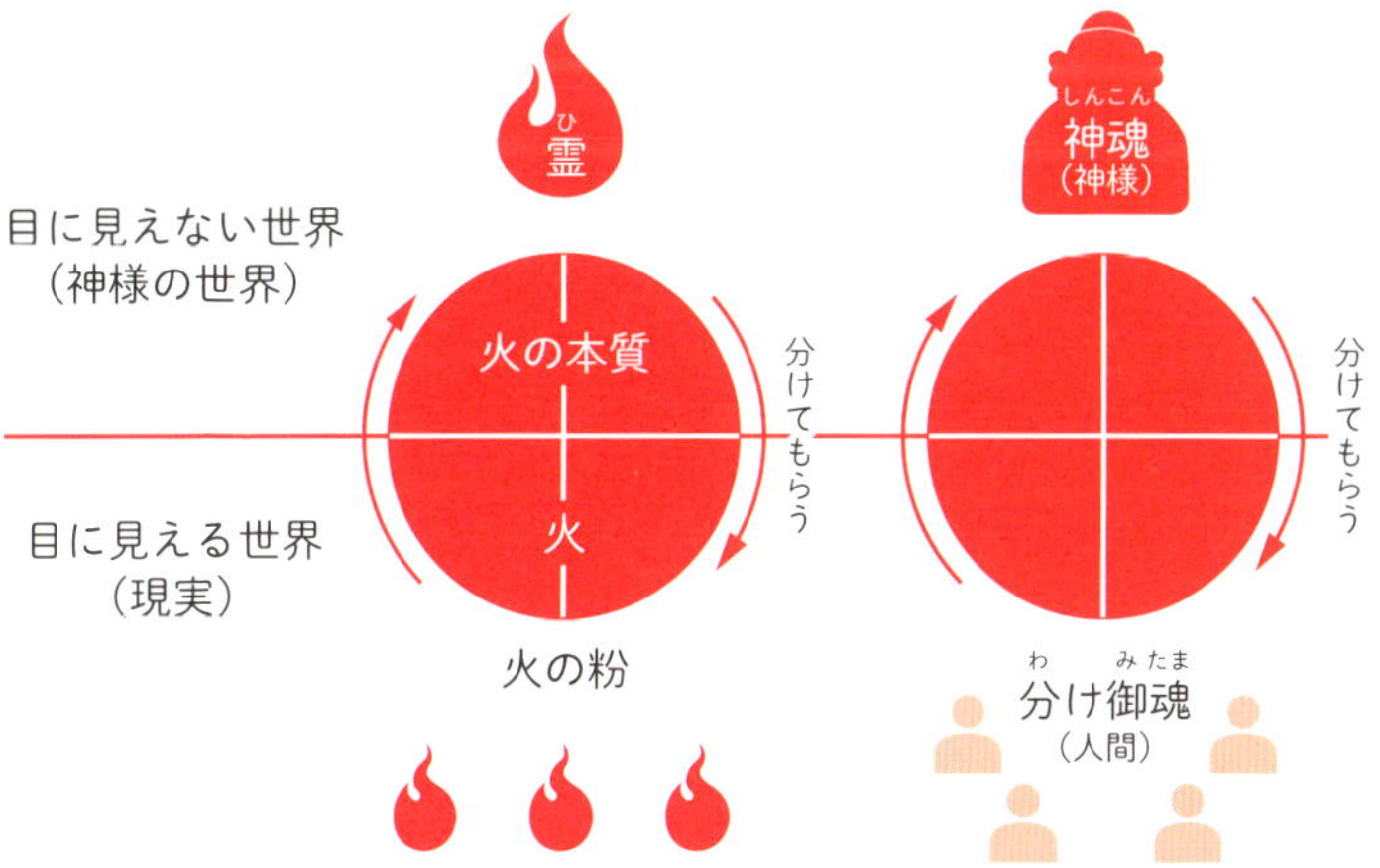

好きな人、嫌いな人、分け隔てなく、どんな相手でも本質を見て付き合っていると、大事なタイミングで、手助けしてくれるご縁に恵まれるようになります。

火と仲良くなると、人生が繁栄するという所以《ゆえん》はここにあるのです。

瞳はウソをつかない

Eyes never lie.

PART.2

ひかりの暮らしをするために

CHAPTER OPENING PAGE

神様と食事をしよう

日本料理ではお箸は横に置きます。西欧料理や中国、韓国では、縦置きが基本です。

なぜお箸を横に置くのでしょう?

それは神様と人との世界に一線を画す結界の意味があったようです。
「いただきます」と同時に、結界を解《と》き、神様と一緒に食事をする。
箸が、神様と人間との〝橋渡し〟になるのです。

箸の置き方一つにしても、古来より日本人が食事を神事として大切にしてきたことが、窺《うかが》い知れるわけです。
その気持ちこそが、食べ物からひかりを引き出すカギになります。

逆に、どんなにエネルギーが高い食事も、その価値を下げてしまうような食べ方をしてしまうと、エネルギーは一気に下がってしまうのです。
スマホを見ながら、パソコンしながら、だったり。

Chopsticks are the bridg between you and god.

食事はそっちのけでおしゃべりに夢中だったり。

食べ方が汚かったり、食べず嫌いが多かったり。

そもそも全然、食事を味わおうとしていなかったり。


最後の最後は、食べ手の姿勢が問われるのです。

とはいいましても、堅苦《かたくる》しく構える必要はありません。

大切なのは「形」ではなく「心」ですから。

食材の命、天地自然の恵み、かかわった多くの人々の苦労と愛情……、その食事の背景にあるエネルギーを感じ尽くして、いただくのです。本当にそれを感じられたら、湧き上がる感謝に、おのずと姿勢が糺《ただ》されるはずです。


私はゆにわで、多くのお客様に料理を提供しておりますが、食べ方がよくわからない方でも、

「ごはんが出てきた瞬間、本当にありがたく感じて、思わず手を合わせてしまった」

「こんなにしみじみと味わったのは生まれて初めてで、人生観が変わりました」

といったように、目の前のひかりを全身で受け取ろうとする気持ちから、食べ方がしぜんと改められる場面に何度も出会いました。

そうして、感じ尽くして食べていただいた方からは、その後、「こんな開運があった！」「ずっと悩んでいたことが解決しました！」など、お手紙をいただきました。

逆に食べ方がわからないまま、食事そっちのけでメールや電話に気を取られていた方は、ごはんの中に詰まったひかりをそっとお渡しするつもりでお出ししたものの、結局は受け取ってもらえなかったように思うのです。

食べ方には、過去から積み上げてきた生活習慣や性格が、そのままウツります。だから、食べ方を見れば、その人がどれだけ命を大切にできる人か、他人の苦労を推《お》し量《はか》れる人か、神様に感謝できる人か、ひと目でわかってしまうのです。

やはり食事は、神事そのものです。

【ひかりを受け取る食事の作法】

食卓はきれいに拭き、何も置かないようにしましょう。

主菜、副菜など、その日の料理をお膳の上に置きます。

食卓の上にごはんをきちんと並べてから次の作法を行いましょう。

一、手を合わせて一礼します。

「味《たな》つ物《もの》　百《もも》の木草《きぐさ》も　天照《あまてらす》　日《ひ》の大神《おおかみ》の恵み得てこそ」

（たなつもの　もものきぐさも　あまてらす　ひのおおかみの　めぐみえてこそ）

と唱えながら、目の前の食材の命に感謝します。

そして、ごはんを作ってくれた人、食材を育ててくれた人や大自然、さらに、命の根源である太陽の神様まで、感謝を広げていきます。

次に「**いただきます**」と唱えてから一礼します。

二、食べ終わったら、再度手を合わせて、
「**朝宵《あさよい》に　物喰《ものく》ふごとに　豊受《とようけ》の　神の恵みを　思へ世の人**」**（あさよいに　ものくうごとに　とようけの　かみのめぐみを　おもえよのひと）**と唱え一礼します。

HIS WAS THE INTENTION I HAD.

三、最後に「**ごちそうさまでした**」と唱え、
ごはんを用意してくれたすべての人、
食事の神様に感謝の祈りを捧《ささ》げます。

食卓の価値を
下げないことが
食べ方を見直す第一歩

Upgrading the dining table is the
first step of your revis.

家をパワースポットにしよう

人の行動は、「散らかす」か「片付ける」かの、どちらかしかありません。

運命を好転させる秘訣は、一日の中で「散らかす」よりも「片付ける」の割合を多くすることです。

まとめて掃除しても、また一日経てば散らかりますから、「今日は大掃除したから、あと一週間は大丈夫」なんて理屈は通用しません。掃除は貯金ができないのです。だから、必要なのは〝オールウェイズ掃除〟の心です。

私の厨房でのルールは、「掃除＞調理」です。と、いいますか、空《あ》いた手で常に拭いたり、整えたりしているので、調理と掃除は同時進行です。

まだ掃除が板についていない頃は、調理が終わってから、まとめて掃除する時間が必要でした。けれど、掃除が当たり前になると手が勝手に動きますから、料理が完成すると同

Making good place for microbe

時に、もうほとんどの片付けがすんでしまいます。

掃除において大切なことは〝疲れる掃除〟はしないことです。

掃除がキライ、苦手、続かない……という方は、きっとこの〝疲れる掃除〟に陥《おちい》っているはず。

掃除は確かに肉体的には疲れます。でも、真の掃除をすれば空間のエネルギーが高まり、そこにいる人もみんな元気になれます。

そのためのカギを握るのが、〝微生物〟です。

現代では、なんでもかんでも抗菌、滅菌、殺菌が常識で、微生物がワルモノ扱いされていますが、人や動物たちが生きていけるのも、草木が茂り、花が咲くのも、おいしい発酵食品が食べられるのも、すべて微生物のおかげです。

人の身体には、細胞の数より多くの微生物が生息しているといいますから、もはやそれは〝身体の一部〟といってもいいくらいでしょう。有用な微生物が体内に増えると、消化も新陳代謝も活発になり、免疫も強くなり、肌のキメも整い、いいことずくめです。

それだけではありません。

一説では、宇宙空間はダークエネルギーという、未知のエネルギーで満ちているとされますが、そのエネルギーをキャッチして〝ひかり〟に変換してくれるのが、実は微生物の偉大なる働きなのです。だから、良い微生物が多い所では、人も動植物も元気になれます。広島は原爆が投下されて数十年は、草一本生えない不毛の地になると言われていたそうですが、翌年には美しい花が咲きました。これも微生物が放射線のエネルギーを吸収してくれたおかげだと思います。

掃除の本当の役割とは、ひかりを放つ微生物たちをお迎えすることです。
これを私たちは「培地《ばいち》作り」と呼んでいます。

その時に大切なのは、「**形**」「**想念**」「**言葉**」を整えることです。

まず、「形」は掃除の基本です。
空間にある、いらないもの、気の行き届いていないもの、それらをなくして整理整頓します。

次に「想念」。

微生物は、人の思いを敏感に察知します。

だから、「イヤイヤ」「めんどうくさい」「しんどい」「なんで私が……」という気持ちでは本当の掃除にはならず、それどころか、空間が濁ってしまいます。

理想は祈りながら、雑念が吹き飛ぶくらい一心不乱に掃除をすることです。

訪れた人が、心身ともに元気になって、幸せになるところをイメージしましょう。


あとは、いい「言葉」を使うこと。


掃除の時はもちろん、普段から素直な言葉、美しい言葉、思いやりある言葉を使っていたら、それに微生物も反応します。美しい歌や音楽でも構いません。

音は波動です。その発信源はあなたの心ですから、言葉選びもさることながら、もっとも大切なのは〝どんな気持ちで声を発するか〟です。

そうやって培地作りをしていけば、良い微生物がその場に住むようになり、だんだんと空間にエネルギーが満たされていくというわけです。

すると、そこにいるだけで、元気になれたり、閃《ひらめ》きが降りてきたり、良い出会いがあったり、不思議な空間に育っていきます。

微生物に応援されると
作る料理すべて
発酵食品ならぬ
発光食品になる

Every food changes to "light" food
when microbe is on your side

香りに助けてもらおう

エネルギーが高い料理には、風が吹いています。

こちらから迎えにいかなくても、向こうから香りがやってくるのです。


実は香りは、エネルギーのバロメーターです。

イヤな臭いがした時は、「エネルギー下降注意報！」の合図です。


私が、ひかりのごはんに出会った大学受験塾は、塾でありながら、アットホームで心地いい空気がいつも流れていました。

私はその場所の香りが好きでした。

日によって、コーヒーのローステッドな香りだったり、ミルクティーのスウィートな香りだったり、ブイヤベースのリッチな香りだったり。

おいしそうな匂いとともに、幸福感と安心感が、広がっていました。

ごはんを炊いている時は、白い湯気と、甘くやわらかな匂いが部屋を包みました。まるでその匂いが合図であるかのように、ちょうどお腹が減ってくる。

Happiness comes with scents

幸せが香りに乗ってやってくるのです。

私はその香りを大切にしたくて、科学的な臭いがするものを、避けるようになりました。

近頃、香水だけではなく、過剰な匂いのついた洗剤や整髪料、制汗剤、化粧品などが本当に増えました。

男性でもエチケットとして、香水をつけている方も増えているとききます。
こうした背景の中、問題になっているのが〝スメルハラスメント〟。
過剰な臭いによって他人を不快にさせることをいうのだとか。

私も昔は、香料のきいたヘアワックス、香水などを使っていました。
その香りを頼りに、自分の香りを作っていたのだと思います。
自分の香りは、自分の気持ちそのものです。
だから、自分の今の状態がそのまま出ます。
キツすぎる香水の香りは、自己主張の表れ。
裏を返せば自信のなさの表れです。
素《す》で勝負するのが怖いから、香りを加えようとするのです。

同じ香水でも、使う人によって、「この人の香りは心地いいけど、あの人のはキツく感じる……」ということがあるのは、その根底にある気持ちの差でしょう。

人の鼻は香りの奥にある気持ちまでも読み取っているのです。

タバコの煙は身体に悪いといわれますがそれもそのはず。多くの人は、その煙にストレスを乗せているのですから、そりゃあ身体に良いわけがありません。当の本人がスッキリした分だけ、周りはそのストレスを吸わされているようなものなのです。

私は、自然な香りが一番心地いいと感じます。

ヘアワックスや化粧品を使うことがあっても、今は香料のない自然なものを使うようにしています。結局、いいものを選ぶと不自然な香りがしないのです。

料理も、素材そのものの香りが活かされていると、一段とおいしく感じます。

良いものは、ごまかさなくても、そのままでいい香りがするものです。

それは人間にも当てはまります。

私は誰でもその人の内面から醸《かも》し出される香りがあると思っています。体臭というよりも、その人の魂が発する空気のようなものです。

「赤ちゃんはいい香りがする」といわれますが、よこしまな気持ちがなくて、生きる喜びに満ちているからでしょう。

大人になっても、いつも清々しく、最高に気持ちいい毎日を送っていたら、いい香りが醸し出されるようになります。花のような香りだったり、重厚なお香のような香りだったり、人それぞれ。

身の回りの香りに敏感になって、いつもいい香りとともに生きる。
それがエネルギーを保つ秘訣であり、幸せなライフスタイルです。

気分は自在に
コントロールできる

You can control your feelings easily.

電磁波を浄化しよう

電磁波は、人の身体と心に大きなダメージを与えます。

目に見えないものだから、つい気にせず過ごしてしまいがちですが、本書の冒頭で申し上げたとおり、目に見えない波動ほど、むしろ影響力が大きいのです。

ずっとパソコンの前にいたらイライラしたり、どっと疲れたり、携帯電話で長電話すると頭痛がしたり、というわずかなストレスに、実は命を削られているということ。

しかし、だからといって田舎に引っ越して、電気をほとんど使わない暮らしをする、というのは誰彼にできることではありません。

実際、私たちも一部の厨房では、ＩＨヒーターを使用しています。

店の建物にガス使用の制約があり、電気に頼らざるを得なかったからです。

そこで、私たちが電磁波対策として活用しているのが〝浄水器〟ならぬ〝浄電器〟。

浄水器が水道水を安全でおいしい水に変えるように、浄電器は身の回りの電磁波の悪い

Avoid electromagnetic ray an
live with electricity.

情報を良い情報に書きかえてくれます。

以前、ゆにわに〝電磁波過敏症〟の方が来られたことがありました。

その方は、強い電磁波を感じると、とたんに気分が悪くなってしまうということで、部屋のカベを隔てていても、誰かが携帯電話を使ったり、テレビをつけたりすると、瞬間的に察知できてしまうそうです。外食もままならず悩んでおられました。

ですが、ゆにわの店内に入られたとたん、

「あら、どうして!?　ここは大丈夫だわ」

と仰り、ゆっくりとランチを楽しまれていたのです。

その方も驚かれていましたが、これぞまさに〝浄電器〟の効果でした。

浄電器として、私たちがよく使用するのがこちら、

・「アポロ科学研究所」のグッズ
・「森修焼《しんしゅうやき》」のアースタビライザーシリーズ

・「地球家族」のゼロ磁場装置ルース

設置するだけで、自然の中にいるような気持ちのいい空間に変わり、元気になれます。お子様にも安心ですし、電気代が安くおさえられたり、食材の鮮度が長持ちするようになったり、呼吸も眠りも深くなったり、メリットはたくさん。

自然と科学、どちらかを全否定して敵対させるのではなく、その二つを統合する。

都会にいながらにして、田舎のような自然を感じる。
田舎にいながらにして、都会のように便利に暮らす。

それが、ゆにわのライフスタイルなのです。

THIS WAS THE TIME MY "GOOD FORTUNE" LIFE HAS STARTED.
MY BODY GOT BETTER AND BETTER.
I JUST FELT SO HAPPY EATING THE FOOD OF "LIGHT".

電磁波を味方にしたら
もっと楽になる

Draw electromagnetic ray to your side
and it will be a lot easier

水から自らを変えよう

今では信じられないと言われますが、十八歳の頃、私は肌も心もぼろぼろでした。顔中のニキビがイヤで、いつも下を向いて歩いていました。そんな悩みを塾長先生に初めて打ち明けた時に、いただいたひと言。

「まず、水から変えなさい。それが一番の近道だから」

水かぁ……と、すぐにはピンときませんでしたが、これは絶対に深い意味があると確信し、その日から私の〝水から変わるプロジェクト〟が始まりました。

まだ大学生で、自宅に良い浄水器をつけることはできなかったので、空のボトルを持って塾に通い、水を汲《く》ませてもらう毎日。

最初からすべての水を変えることはできませんでしたが、飲む水、ごはんを研《と》ぐ水、炊く水、料理の水、顔を洗う水、浄化するための水など、自分が大事だと思うところでは、

Change water, then food

いい水を大切に、大切に使いました。

洗顔のあとも、化粧水の代わりにいい水をつけてから、良質のクリームを塗るようにしました。


そう、実は食事を変える前に、最初に変えたのは〝水〟だったのです。

ほどなくして身体中の水が入れ替ったのか、顔中のニキビもきれいさっぱりとなくなって、みちがえるほど、肌が元気になりました。

たまっていたネガティブな情報も、古い水とともに排出されたのか、心もまるで別人に。


「あれ、私……、上を向いて歩けるようになってる」


すると明らかに、作る料理の味も変わっていきました。

本当に、いい水に変えるだけで、みちがえるように変身できるのです。

自分を着飾ったり、エステに行ったり、高い化粧品を揃えたり、いろんな健康法を試したりするよりも、圧倒的に優先順位が高いのは、水を変えること。

現代の水道水に含まれる、多種多様な有害物質を甘く見てはいけません。

浄水場で使われる代表的な薬品が「塩素」や「アルミニウムの化合物」。

これらは、家庭に届く水にも残っています。

殺菌力の強い塩素で、身体を守る大事な微生物や細胞がやられてしまいます。

アルミニウムの化合物は認知症の原因になるという説もある危険な物質です。

他にも、発ガン性物質「トリハロメタン」、中毒性のある「鉛」。

田舎でも、土壌からしみこんだ「農薬」などが含まれているといいます。

たとえ微量でも、そういった有害物質が長年かけて体内にたまると怖いのです。

また、何十年も経った水道管の中は、腐食して赤サビだらけ。インターネットの画像検索で出てきますが、見ると「ここを通った水を飲んでたなんて……」と、ゾッとします。

そして、飲み水だけでなく、肌に触れる水も忘れてはいけません。

人は皮膚からも有害物質を吸収してしまうからです。

特に、目、鼻、口、耳などの粘膜や、頭皮、顔、脇、背中、鼠蹊部《そけいぶ》など、皮膚の薄い部位は吸収率が高いので要注意。


皮膚から吸収される毒素は〝経皮毒《けいひどく》〟と呼ばれます。

これは排出が難しく、体内にどんどん蓄積されていってしまうのです。

その毒は母親の羊水を通して、胎児にまで影響を及ぼすのだとか。


ですので、水道管の元栓のところに設置して、一家まるごと浄水できるタイプの浄水器を使うと安心できます。バスタイムが格段に気持ち良くなって、水場も汚れにくくなります。手荒れ、肌荒れでお悩みの方には、特におすすめです。


私も、昔はどんなシャンプー、石けん、化粧品を使うかばかりを気にしていました。

でも、まずは水が大事だと気付き、浄水を使うようになってから、明らかに髪も肌も変わったように思います。

肌のキメ細かさは、いい水を使うほど実感できますし、美容師の方から、「こんなにキレイな頭皮、はじめて見たよ！　何か変えたの!?」と驚かれたこともありました。

水道水の現実をちゃんと知って、自分で自分の身を守ることが大事なんです。


では、どんな水を使えばいいのでしょう？


まず最低限は、水道水に含まれる有害物質を除去した水です。

あとは、いかに水のエネルギーを高められるか。

言い換えれば、どれだけ〝いい情報〟を水に付加できるかです。


実はゆにわではオープン以来、理想の水をずっとずっと追い求めてきた結果、ついにオリジナル浄水器「禊《みそぎ》」を独自開発するに至りました。

多くの専門家の方に協力をいただき、日夜研究を重ねてやっと完成した浄水器です。

浄水器「禊《みそぎ》」は、何百種類もある濾過材《ろかざい》から、ベストな組み合わせを編み出して、水道水の有害物質を除去するだけでなく、老化や疲労の原因を打ち消す〝還元力〟も高め、湧き水のようにミネラル豊富な水にすることに成功しました。

けれど、浄水器「禊《みそぎ》」の真骨頂《しんこっちょう》はその先にあります。

水に与える〝情報〟です。

世界各地には、おいしいだけでなく、飲むと病が癒《い》えたとか、美しくなったとか、様々な逸話が伝わる〝名水〟があります。それらのキセキは、水に含まれる〝いい情報〟によって起こるのだと、私たちは考えています。

水は情報を記憶するのです。

現代の水道水は、有害物質の危険もさることながら、水に含まれる〝悪い情報〟にも注意が必要です。

浄水器「禊《みそぎ》」はその名の通り、水の〝悪い情報〟を特殊セラミックの力で清《きよ》めて、エネルギーの高い太古の水に戻してくれます。

さらに、数十種のパワーストーンによって、新たな〝情報〟が加わります。

なぜ、パワーストーンなのかといいますと、何万年、何億年という時間をかけて地球が生み出した高エネルギーな〝石〟には、人の〝意志〟を目覚めさせる〝情報〟が眠っているからです。

パワーストーンといえば、よく願望成就の御守として使われますよね。

けれど本来は、我欲を満たすような夢や願望を叶えるためのものではありません。

自分の中に眠ったままの、強い〝意志〟を呼び起こすためにあります。

浄水器「禊《みそぎ》」の水を飲むと、数十種のパワーストーンが放つ〝情報〟にあなたの〝意志〟が共鳴するのです。

実際に飲まれた方からは、「心が洗われたみたいに、気持ちがスッキリした！」というお声も多数いただいています。「御食事ゆにわ」（大阪府枚方市《ひらかたし》）や「斎庭《ゆにわ》Salon de thé《サロンドテ》」（東京都港区白金《しろかね》）にご来店の際には、ぜひお水も味わってみてください。

私は外出時には、必ずマイボトルで飲み水を持ち歩きます。

宿泊時は、大きな水タンクを、あらかじめホテルに送り、妥協しません。

さらに、「禊《みそぎ》」の水を小さなスプレーボトルに入れて常にカバンに忍ばせ、いろんな場面でスプレーして活用したりします。


空間にシュッとひと吹きすれば、一瞬で淀んだ空気をリフレッシュできたり。

自分自身にひと吹きすれば、心身を浄化して簡単リセットできたり。

食べ物にひと吹きすれば、エネルギーアップできたりと、本当に重宝します。


〝水を変える〟とは、〝自《みずか》ら〟を変えていくことです。


人はつい、現状に不満があると、誰かのせいにしてしまいがちですが、自分の内面が変われば、自《おの》ずとその不満は消えていき、やがて現実も変わるでしょう。

水を変えれば、体内の水の情報が書き変わります。

六十兆の細胞が目覚めて元気になり、心は純粋になり、あなたの変化がやがては周りの人にも波及していきます。

すると、その人たちの中にある、いい性格、いい考え、いい思いが引き出されますから、自《おの》ずといいお付き合いができるようになります。

自ら変わることが、世界を変える一番の近道なのです。

水を変えることは
一番の自己投資になる

Changing water is the best invest

浄化を当たり前にしよう

私は毎日欠かさず、心身の浄化を行っています。
もう歯を磨くのと同じくらい、なくてはならない習慣です。

古来より、日本人は様々な禊《みそ》ぎの作法を行ってきました。
生きていれば誰でも、目に見えないケガレが心に蓄積して、それが不運の源になることを知っていたからでしょう。

ケガレの言霊《ことだま》は「気《け》枯《が》れ」。
つまりエネルギーが枯れてしまった状態のことです。

神社のお手水も、食事前に手を清める〝おしぼり〟の文化も、神聖な場所にケガレを持ち込まないための作法なのです。

しかし現代人の多くは、とかくケガレに無自覚で、そのせいで幸せになるチャンスをた

Be aware of "life_addit
and cleanse everyday.

くさん逃してしまっているように感じます。

では、なぜエネルギーが枯れてしまうのでしょう？

それは、一日の中で、エネルギーの低い〝情報〟にたくさん触れてしまうからです。

テレビも、ネットも、スマホに流れてくる情報も、誰かの作為が入っているのが大半です。
そして、〝なんとなく〟見たものは、案外、意識の深くに入るので注意が必要。
テレビを横目に食事をするのは、もってのほかなのです。
食べ物と一緒に、ネガティブ情報も飲み込んでしまうからです。

すべての情報は、五感から入ってきます。

ジャンクフードを食べたり、汚れた空気を吸ったり、くさい臭いをかぎ続けると、口や鼻にネガティブ情報がたまります。
特に鼻の奥は、「チャクラ」と呼ばれる、全身のエネルギースポットとつながっていますので、ここにネガティブ情報がたまると、すべての感覚が鈍くなり、心にまで悪影響を及ぼしてしまうのです。

汚いもの、見たくないシーン、乱れた風景を見ると、目にネガティブ情報が入ります。目は脳に直結していますので、目から入ったネガティブ情報が溜まると、頭の中に、悪いイメージが浮かんで離れなくなったり、悪い夢をよく見るようになったりします。

文句、グチ、イヤミ、マイナス言葉、雑音、騒音などを聞き続けると、耳からネガティブ情報が入ります。

耳はエネルギーのアンテナの働きをしますので、耳の感度が落ちると、気配、空気、人の気持ちが読めなくなってしまいます。当然、音にも鈍感になります。

これはほんの一部ですが、このように日常のワンシーンにも、様々な危険が潜んでいるということを、まず知ることが大事です。

実は、ネガティブな思考や感情というのは、自分の心の内から発生したものではなくて、外からもらった〝情報添加物〟によって、引き起こされたものが大半なのです。

「私って考え方がネガティブで……」とか、「私は暗い性格だから……」と思っている

〝それ〟は、ホンモノの自分ではなくニセモノの自分。

だから、日々の浄化でホンモノの自分に戻ることが大切なのです。

浄化の儀式は、次の三点を踏まえて行ってください。

形　　：浄化の道具は神聖なものとして専用化すること
儀式化：作法の手順は儀式だと思って忠実に守ること
心構え：心身のケガレを祓《はら》い清めるイメージで行うこと

ここでは、「鼻」「目」「耳」それぞれの浄化法をお伝えしますので、ぜひ実践してみてください。

疲れていて、「今日はめんどくさいなあ」と思う時ほど、エネルギーが落ちている証拠ですから、気が向かない時ほどしてくださいね。
気分爽快になって、すごく回復できます。

【浄化力を高める鼻うがいの方法】

鼻うがいは、鼻から口に塩水を通して洗浄する伝統的なヨガの浄化法の一つです。
数ある浄化法の中でもバツグンの効果を発揮してくれます。

〈準備するもの〉

・水　　二リットル（浄水されたお水、またはミネラルウォーター）
・天然塩　十八グラム（おすすめはゆにわマートで取り扱う塩）
・二リットル容量のボウル　（鼻うがい専用にする）
・スプーン一個

〈鼻うがいの手順〉

一、二リットルの浄水をポットもしくはやかんに入れ、人肌程度（約三十七度）に温めます。
次にボウルの中にお湯を注ぎ、塩十八グラムを入れ、スプーンで混ぜて溶かします。

二、指で片方の鼻をふさぎ、もう一方の鼻から塩水を吸って口から吐き出します。慣れるまでは少量からで構いませんが、理想は片鼻一リットルずつ。ボウルはあまり傾けずに、顔を近付けるようにして鼻から水を吸い上げるのがコツです。
水道の水は流したまま、口から出たネガティブな気が排水口に流れていくようイメージします。

三、両鼻とも終わったら、前屈姿勢になり、左右に頭をふりながら、鼻の中に水を残さないよう鼻をかみます。(鼻の粘膜や耳などを痛める危険があるので強くかみすぎないように)使い終わったボウルはきれいに洗って乾かし、保管してください。
一日一回でも十分に効果はありますが、朝と晩計二回行うとより効果的です。
吸い込みにくい時は、どちらか片方の鼻から始めましょう。
鼻に痛みや違和感があった時はただちに止めて医師に相談しましょう。

【浄化力を高める目の浄化法】

〈準備するもの〉

・水　二リットル（浄水器を通した水、またはミネラルウォーター）
・天然塩（おすすめはゆにわマートで取り扱っている塩）　十八グラム
・洗面器

〈手順〉

一、鼻うがいと同様に、人肌に温めたお湯（約三十七度）を洗面器に入れて、塩十八グラムを入れ、生理食塩水を作ります。

二、洗面器のお湯に、目が浸《つ》かるように顔をつけます。口は息ができるように水から出しましょう。そして、水の中で目をパチパチ開けたり閉じたりします。

三、次に、目を大きく開き、眼球をグルグルと右回り、左回りに回します。約一分間、これを行いましょう。終わったら、洗面器をきれいに洗って乾かしましょう。目に痛みや違和感があった時はただちにやめて医師に相談しましょう。

【浄化力を高める耳の浄化法】

〈準備するもの〉

・マッサージオイル（おすすめは「大地と光のマッサージオイル」）適量

〈手順〉

一、十分に手洗いした指先にマッサージオイルを適量とり、耳全体に塗っていきます。

二、親指と人差し指を使い、耳の輪郭をさすり、耳たぶを軽く引っぱったあと、耳の付け根を指で挟み上下にゆすります。この動作を二～三分の目安で行いましょう。

三、人差し指を耳の中にやさしく入れて、目を閉じ、心を鎮めて集中します。耳の中に指を押し込みすぎないように注意しましょう。
次に、「ぽん！」と人差し指を耳から抜きます。そして、音と一緒に耳の中にたまったネガティブな情報が抜けるところをイメージしましょう。

室内で行う時は、耳から抜けた悪い気が流れていくよう、換気しながら行ってください。

私の普段使い、おすすめ愛用品

私が日常生活で使っているものは、どれも環境や心と身体にやさしいものばかり。その一部をご紹介します

2

1

4

3

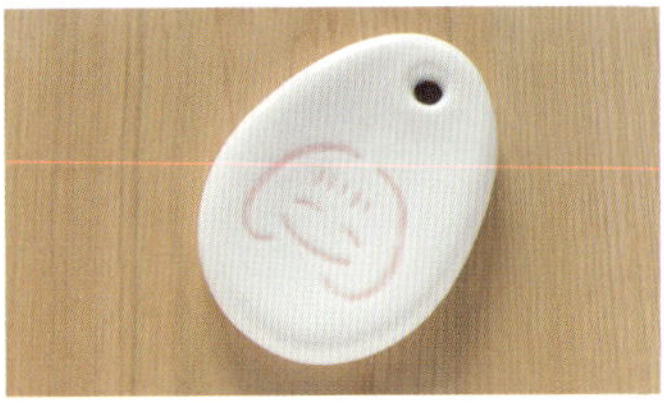

1　ココナッツオイル（右）
（ココウェル）
口の中に含み、クチュクチュして出すだけで虫歯や口臭の予防になります。口内環境を清潔に保つのに最適です。

ウエダ家のいきている
マイグルト（中央）
（COBO）
ササニシキを天然麹で自然発酵させフリーズドライ加工したパウダー。微生物が生きたまま腸に届き、腸内環境を整えてくれる働きがあります。

オーラルピース（左）
（トライフ）
化学成分をまったく使用していない、水と植物原料のみで作られた歯磨き粉。飲み込んでも安心なので、お年寄りや赤ちゃんにも。ミントと梅のさわやかな味。

KENTの歯ブラシ（左下）
（KENT）
英国で二百年以上の伝統を誇るトップブランド。馬や豚の天然毛を使用しているので、しっかり洗えて、歯茎も傷めない万能歯ブラシ。

2　ひかりのうつわ&おわん・スプーン・箸置き
（森修焼）
様々な天然石を独自の製法で加工した環境にもやさしい食器。軽くて丈夫なのはもちろんのこと、遠赤外線効果で素材の旨味を引き立たせます。

竹箸
（能源）
食材のエネルギーが高まる、生体エネルギー（生命力の根源となるエネルギー）加工を施した竹のお箸。素手で掴んでいるようにしっくりとなじみ、使い心地も格別。

3　ひかりのおふろ　ぽかちこ
（森修焼）
表面に特殊な鉱石を含み混ぜて焼き上げているため、遠赤外線効果が期待できます。お風呂に入れてマッサージに使っても。

4　味鍋なごみ・小
（森修焼）
使い勝手の良い一人暮らしサイズ。お米を炊けば、炊飯器とは別格の、甘くておいしいお米に。肉じゃがやシチューなどの煮込み料理にも。

5
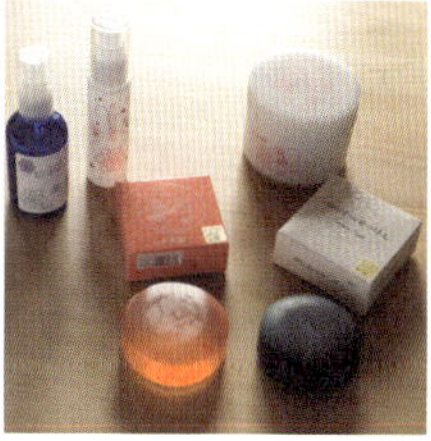

6

7
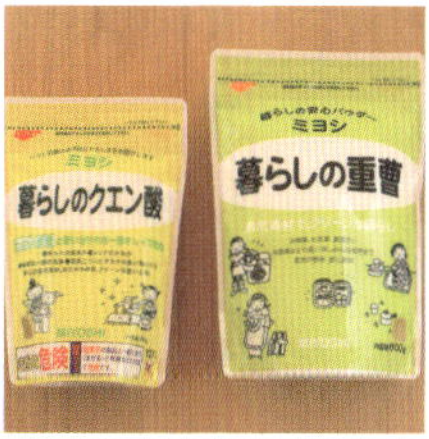

8

9

10

5 Kono花水姫シリーズ（左）
（ハッピーフレンド）
高波動のお水のみを主成分にした基礎化粧品。乾燥からお肌を守る、自然由来の成分を豊富に含有。石けんはさっぱりとした使い心地。べたつきにくく、洗い上がりはしっとり。ほのかなラベンダーの香りに癒やされます。

ゆにわのせっけん（右下）
ゆにわマートのオリジナル石けん。炭の力で毛穴の奥の汚れまでしっかり落とします。ふんわりとした泡はパックのような心地良さ。気になる身体のニオイも防ぐ万能アイテム。

6 アポロ・シン・コンセント（右）
（アポロ科学研究所）
私が使用している中で一番、電磁波を軽減してくれるコンセント。持ち運びしやすく携帯にも便利。

ルース（左）
（地球家族）
蛇口に取り付けるだけで、ゼロ磁場を発生させる装置。水道管の根元にも簡単に取り付けることができます。

7 暮らしの重曹（ミヨシ石鹸）
自然素材の重曹は、これ一つで、掃除や洗濯、食器洗いと様々な用途に使えます。環境にもやさしいお掃除の味方。

暮らしのクエン酸（ミヨシ石鹸）
レモンや梅干しのもととなる自然素材のクエン酸の働きでピカピカに。特にお風呂場などの水垢洗いに重宝。

8 三枚重ね履きソックス
冷え取り物語（馬見靴下）
冷えは足元から。足元を温めて、体内のリンパの流れをよくする三枚重ね履きの靴下。一枚目はシルクで汗を素早く吸着。二枚目のウールで足のムレを防ぎ温める。三枚目はウールで、足を冷えから守ります。季節によってコットンに替えてもOK。

9 冷えとりスパッツ（大法紡績）
ゴムなしのスパッツ。保温性があり、夏は涼しく、冬は温か。一年中、快適なはき心地を実感。

10 くろっちパンツ（大法紡績）
ふんどしパンツを改良して作られたゴムなしオールニットのパンツ。シルクとリネンのみでできているのでムレる心配がありません。ふんどしのような締め付けのない解放感にうっとり。

※すべての商品はゆにわマートにて取り扱っております。

CHAPTER OPENING PAGE

PART.3

人生をひかりで満たすために

エネルギーの三角形を広げよう

食事からいただくひかりのエネルギーは、次の三角形で決まります。

「食材」×「愛」×「食べ方」

この三要素のかけ算が大きいほど、多くのひかりをいただくことができるのです。

しかし、せっかく食にこだわっているのに、このいずれかが欠けてしまったために、ひかりのごはんになりきれていない料理も多いように思います。

一つ目の要素は「食材」です。

私は短大卒業と同時に、栄養士の免許を取りました。

しかし、ゆにわを始めて以来、カロリーや五大栄養素など、数値を気にして調理したことは一度もありません。

Changing food, love and how to ea

happiness comes in.

もちろん、栄養量、バランスは大切ですが、タンパク質が何グラムで、ビタミンB_1が何ミリグラムで……、という分析は、机上《きじょう》の計算であって、それにこだわりすぎると本質が見えなくなるからです。

そもそも、同じ種類の野菜でも、どんな土や水で、どんな気候で、どんな人に育てられたかによって、一つ一つ、まったく栄養価が違うのですから。

それに、微量に含まれる栄養素の相互作用や、酵素や酵母の働きなど、食事の栄養には、決して数値化できない大自然の妙《みょう》がたくさん詰まっています。

計算で組み立てた料理は、それを、わざわざ人の頭で分解して、不自然なものにしてしまっているように思えてなりません。

私たちが、普段していることは極めてシンプルです。
日本人が伝統的に食べてきた、旬の食材を使う。
それらを、一番おいしい食べ合わせで、彩りもきれいに作る。
化学調味料、保存料、香料、着色料など、本来は食べ物と呼べない物を口にしない。
自分の身体が何を欲しているのか、その声を聞きながら、適量をいただく。

そのようにしていれば、おのずとバランスが整っていきます。

二つ目の要素は「愛」です。

たくさん栄養を摂《と》れば、たしかに身体は作られるでしょう。

でも、もしその食事に愛がこもっていなければ、心や魂の栄養にはなりません。

ひかりのごはんには、愛が必要なのです。

どんな食材も、料理も、それまでに注がれた愛を覚えています。

人は食べ物と一緒に、その愛もいただいているのです。

そして、三つ目の要素は「食べ方」です。

これが一番、見落とされがちかもしれません。

「食材」×「愛」×「食べ方」の方程式は、かけ算ですから、どれか一つが〝ゼロ〟になったら、たちまちひかりも消え去ってしまいます。

出勤前に、かきこむように焦って食べたり、パソコン、スマホやテレビを眺めながら、仕事片手に食べたり、できたての料理を前に、おしゃべりに夢中だったり……。

そのようでは、せっかく愛と栄養に満ちたごはんでも、エネルギーを下げてしまうどころか、〝ゼロ〟にもなりかねないということです。

食べ方は、自分の意識と行動次第で、今日から変えられます。


ひかりをいただくつもりで、感謝して食べること。

純粋に食事を楽しみ、味わうこと。

食卓に仕事を持ち込まないこと。

いざ食事を目の前にしたら、栄養面だけを気にしたり、これは安物だから……と、食べ物を善悪や優劣《ゆうれつ》で裁かないこと。

そして普段から、ひかりの大切さを忘れず、感度を高めておくことです。


食生活を見直そうと思った時、はじめから完璧を求めてしまうと、ちょっと腰が重くなってしまうかもしれません。

けれど大切なことは、毎日の食事でこの三角形を意識して、少しずつでも、毎日できる限り広げていくことなのです。

そしてもう一つ、この三角形に高さを与えるのが、〝場のエネルギー〟です。

汚いキッチン、乱れた食卓では、ひかりをいただくことはできません。

あらゆる食べ物、飲み物は、そのもの自体が場から多大なる影響を受けているのです。

私の開催する講座では、その影響を実感していただくため、ある恒例の実験を行います。

同じポットから注いだコーヒーを二カップ用意して、一方は、きれいに拭いて整えられた机の上に、もう一方は、物がごちゃごちゃに散らかっている机の上に、それぞれ置きます。

そして数分後、その二つを飲み比べてみると、

「うわっ！　何これ!?」

■エネルギーの三角形

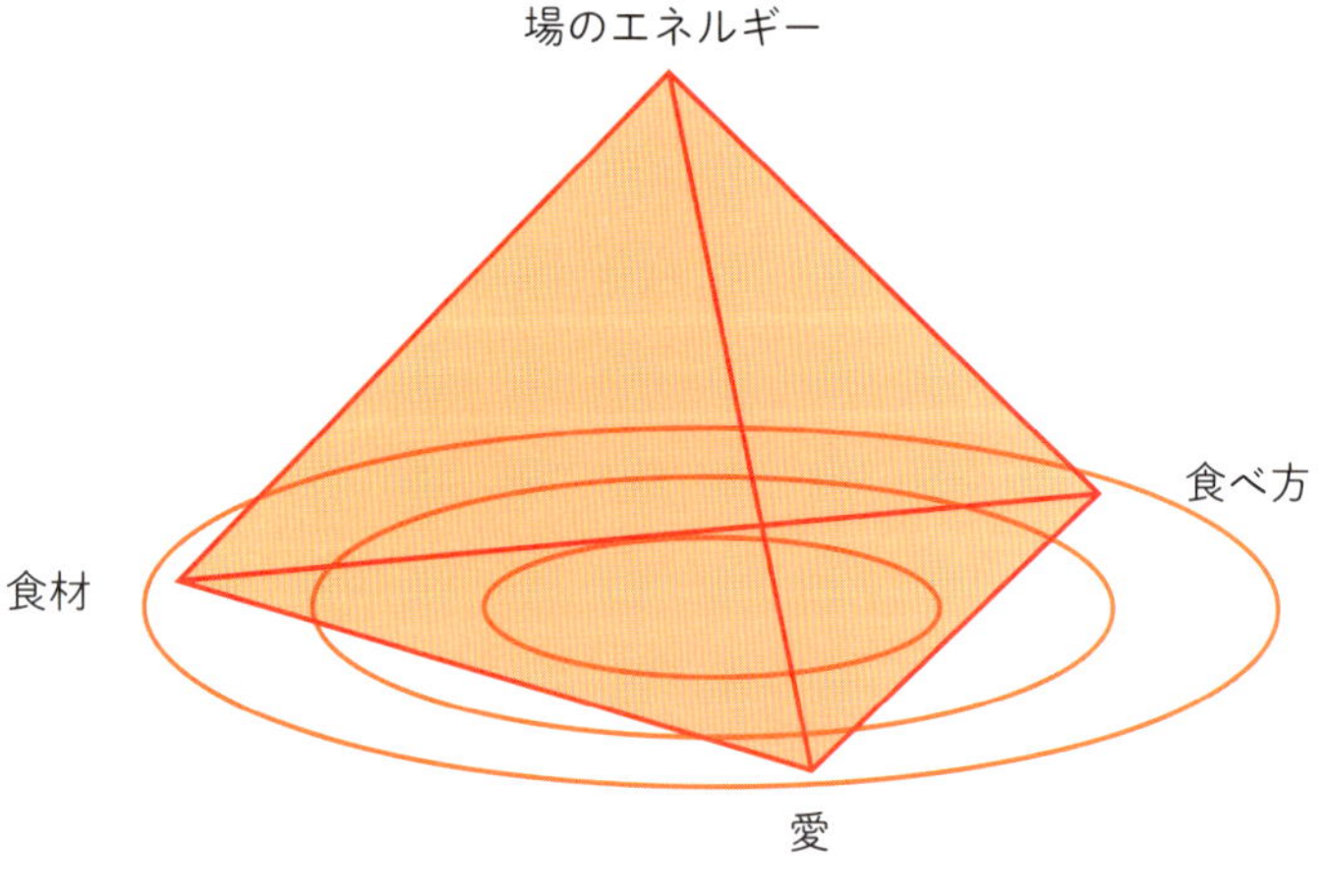

乱れた机に置いたコーヒーだけ、えぐみや渋みが出ておいしくなくなっているのです。同じコーヒーとは思えないと、参加者全員から驚きの声が上がるほど。

場のエネルギーが低いと、料理のエネルギーも空間に吸われ、抜けてしまうのです。だから、栄養も愛もたっぷり詰まったごはんでも、どこか物足りなく感じてしまいます。

逆に、キッチンや、食卓をきれいにして、整理整頓して、その場のエネルギーを高めたら、それだけで見違えるようにごはんはおいしくなります。

ぜひ一度、そんな食卓をご自宅で作ってみてほしいのです。

きれいに飾りつけたりする必要はありません。

食事と関係のない物は何も置かないことです。

そして、空間が輝いていると感じられるまで、丁寧に、全力で、拭き掃除、磨き掃除をします。

そんな食卓で、ごはんのひかりを、全感覚で感じてみてください。

そのひかりを知れば、ことさらに意識しなくても、場の乱れに敏感になってくるでしょう。

EOPLE WHO ATE HIS FOOD WERE GUIDED TO THEIR OWN HAPPY LIFE.
EOPLE WHO GET THEIR BODY HEALTHIER, PEOPLE WHO GET
THEIR TROUBLE CLEARED, OR EVEN THEIR MARRIAGE GOT BETTER.

「こんな場所じゃ、ひかりがいただけない」

そうアンテナがキャッチしたら、またすぐにリセットして、維持するのです。

「食材」×「愛」×「食べ方」×「場のエネルギー」

この視点を持つだけで、毎日の食卓がきっと変わります。

今すぐ
できることから
始めよう

Let's start with what you can do now

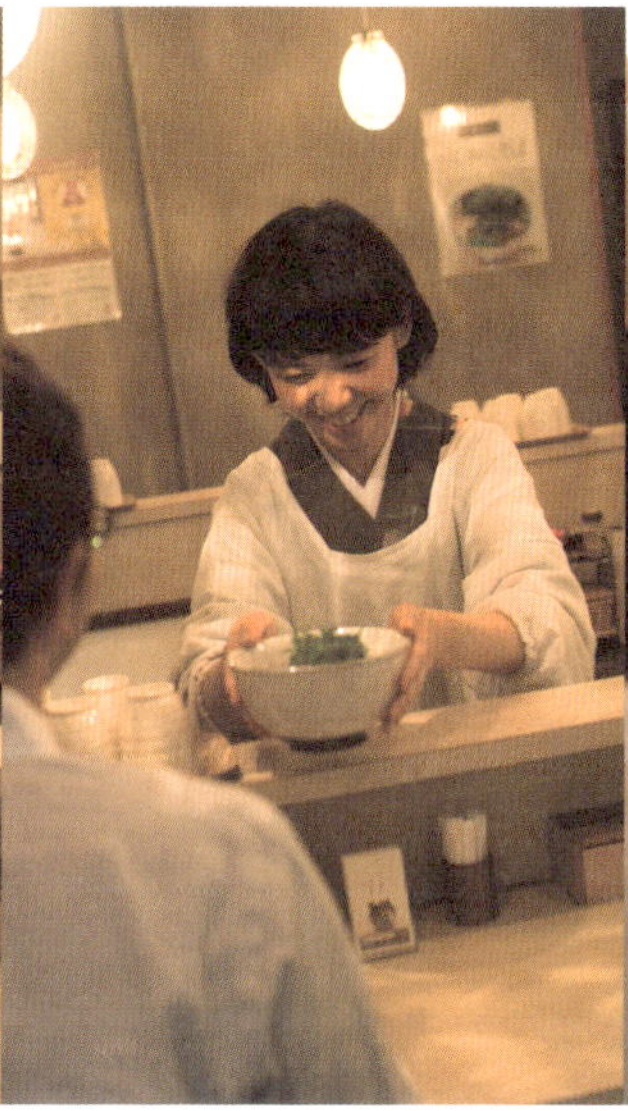

愛の祈りでひかりをお迎えしよう

千個のレシピを覚えても、作り手のエネルギーが枯れていたら、おいしい料理はできません。

私の食の講座は料理教室ではないので、調理法は、教えていません。
それなのに、みなさん作る料理が明らかに変わっていくのです。

「子どもたちが、ごはんを楽しみに待つようになった」
「外食ばかりだった旦那が毎晩、帰ってくるようになった」

ウソのような不思議なことですが、本当です。
作り手がエネルギーに満ちてきたら、勝手に料理もエネルギーが高まるのです。

私がお伝えしているのは、技術ではなく、エネルギーを高める生き方の本質です。

Pray for someone and
it will be your power

その中には、浄化の習慣など、色々な方法がありますが、ひときわ料理をおいしくするのが、次の〝愛の祈り〟です。

愛の祈り

「○月○日　料理の神様

只今より、私（自分の名前）は、
この食材の価値を下げたり、
エネルギーを下げたり、
ムダにすることなく、
（料理名）を作らせていただきます。

料理を食べていただく（お名前）さんの、
霊《れい》も魂《こん》も魄《はく》も、
元気になって頂きますように。
料理の神様、あとは、すべてお任せいたします」

祈りとは、波動です。

波動とは、音やひかりと同じく、エネルギーの〝振動《しんどう》〟です。

般若心経《はんにゃしんぎょう》に「色即是空《しきそくぜくう》　空即是色《くうそくぜしき》」という言葉がありますが、この意味は「宇宙に存在するすべての形あるものの正体はエネルギーで、有形と無形、粒子と波動、生と死、結果と原因、矛盾と無矛盾、人と神様……を行ったり来たり、刻々と変化し続けている」ということを教えています。


人間の意識も目には見えませんが、何かを考えている時、思っている時、そこには振動が発生しています。振動はエネルギーとなって最終的には形あるものに生まれ出ていきます。


講座では、そのエネルギーの働きを学ぶため、お祈りする前と後とで自分が作る料理の味がどのように変化するか、感じていただいています。

ある時は、お湯に味噌を溶いただけのお味噌汁を作りました。

お湯と味噌だけですから、お祈りする前はみなさん、同じような味におさまります。

しかし、お祈りをすると、みんながみんな、ガラッと違う味になるのです。

祈りがお味噌汁に伝わり、その中に生きている微生物たちが呼応し、誰が飲んでも明らかなほど、本当に味まで変わってしまいます。

ある日の講座では、私のお味噌汁を飲んだ参加者のみなさんが、

「このお味噌汁、貝の味がする！」

「ちこさんだけ、こっそり貝のダシ入れてないですよね？」

と仰り、自分で飲んでみても確かに磯《いそ》のいい香りがしました。

「もとは皆さんと同じ、お湯ですよ。海の微生物が寄って来たんですかね」

と笑っていたこともありました。

お祈りによる変化は人それぞれで「味がまろやかになりました」という方もいれば、

「私のは、ひと口目はおいしくなったけど、後味がしない」という方もいたり。

祈りはそのまま、味に現れます。

味が抜けてしまう時は、祈っているつもりが、ちゃんと祈れていない時です。

では、〝ちゃんと祈る〟ってどういうことでしょう？

祈る上で大切なことは、不安定に生きることです。

人も物質も、大勢で群れて、安定するほどにエネルギーが下がります。

安定が大事、という考え方もありますが、私は人生に安定を求め続けて、本当に幸せになった人をいまだかつて見たことがありません。

逆に、これまで出会った魅力的な人は、みんな安定なんて二の次、三の次で、子どものため、妻のため、旦那のため、友人のため、お客様のため、みんなのため、地域のため、日本のため、世界のために、我が身をかえりみず、泥臭くも美しい毎日を生きている方ばかりでした。


そういう人は、たいてい〝孤独〟です。

いえ、〝孤高《ここう》〟といったほうがいいかもしれません。

しかし必ず、生死をともにできるくらいの、数少ない本当の仲間がいるものです。


震災やテロ、惨事があった時には、みんな祈ります。

皮肉ですが、そんな時ほど、深く祈れるのです。

ただ、そんなことがないと心から祈れないのは、何かが違うと思います。

追悼《ついとう》の祈りは大切ですが、その日に限らず、何気ない毎日でも祈りとともに生きないといけないと思うのです。

安定を求めたら、遠ざかります。
現状に甘んじていたら、遠ざかります。
理想を諦めたら、遠ざかります。

今の自分に満足して、安定にしがみつくようになったら、祈りは深まりません。

そうなるとエネルギーも低くなるので、結局、運の流れも悪くなり、求めていたはずの安定すら手に入らなくなってしまう……というのは、よくあることです。
本気でみんなの幸せを思えば、自分自身は居心地の良いところに落ち着いてはいられないでしょう。

いつも揺られながら、不安定に生きるからこそ、祈りにエネルギーがこもるのです。

ただし、一つ注意したいのは、〝祈り〟と〝念力〟は別物だということです。

念力は、自分の願望が中心。効果や見返りを求める行為です。

「おいしくなあれ」と料理に気持ちを向けて、食べてくれる人の反応が期待はずれだった時に、反動で怒りや悲しみの感情に変わったり、やる気をなくしてしまうようなら、それは純粋な祈りではなく念力です。


祈りは、相手の幸せが中心。見返りを求めず、結果は神様にお預けする行為です。


だから祈りは、相手を選びません。

好きな相手なら祈ることができるというのは、まだ何かの見返りを期待している証拠です。

ちゃんと祈る人というのは、初めて出会った相手、自分が嫌いな相手、苦手な相手、憎い相手の幸せすらも祈ることができる人のことです。

効果や見返りを期待して祈るというのは、順序が逆です。

見返りを求めず、無私の心で祈るからこそ、神様のひかりがいただけるのでしょう。

I WASN'T GOOD ENOUGH TO COOK LIKE HIM BECAUSE
MY HEART WASN'T MATURE ENOUGH. I HAD TO GROW BOTH AS A PERSON AND WITH MY SKILLS.

祈りとともに生きよう

Let's live with praying

優先順位を変えてみよう

御食事ゆにわがオープンした時、私たちスタッフは、ある誓いを立てました。

〝まかない料理を、絶対に守る〟

十年間ずっと、この約束と向き合ってきました。

スタッフと、大学受験塾の塾生たちと、昼夜合わせて約二百人前のまかないを三百六十五日、休まず作っています。まるで百人家族のお母さんのように。お店は定休日でも、まかないには休みがありません。

毎日のまかないを守ることに関しては、それこそ命懸けです。

〝命懸け〟なんて、大げさだと思われるかもしれません。

でも、妥協ない料理ができるまで、自分の持てるものすべて、惜しげもなく捧げてきましたから、決してウソではありません。

The mission is to cook "reliable food

この誓いが守れないくらいなら、いつでもお店を閉める。

そう自分にも、スタッフにも、言い聞かせてきました。

オープンして間もない頃は、まかないすら満足に仕上げられず、涙ながらに臨時休業にしたことが何度もありました。情けないことです。

せっかくお越しいただいたお客様に頭を下げて回り、予約のお客様にはお断りの電話をかけました。喜んでいただくどころか、こんなありさまで……。厳しいお言葉をいただいたこともあります。申し訳なくて、悔しくて、胸がはりさけそうな気持ちでした。

もう一生、忘れられない無念です。それでも、守るべき信念がありました。

お客様が帰られてから、今にもあふれそうな涙をおさえながら、また厨房に立ちました。最高においしい、ひかりに満ちたまかない料理ができるまで。

でも、ヘコんだ気持ちでおいしい料理なんてできるはずもありません。

その頃は、やむを得ず先生が最後の仕上げをしてくれることも、多々ありました。

先生が少し手を加えると、調味料もほとんど使わないのに、ついさっきまでバラバラだった味が、とたんに一つにおいしくまとまるのです。

それが言葉にならないおいしさで……、ただおいしいだけでなく、食べるとエネルギーが身体中に広がるような感覚。まさに、ひかりそのものでした。

「これが本物のゆにわの料理なんだ。これをお届けできるようにならなきゃ……」

そう心に刻みました。


本当でしたら、こんな理由で休業なんて、飲食店失格でしょう。

しかし、そこまでしてでも、まかないだけは絶対に守る。

それが先生の教えであり、今も変わらず私の信念です。


「そこまでしなくても……」と思われるかもしれません。

けれど、自分や仲間のごはんすら守れないのに、お客様に最高のおもてなしができるとは、どうしても思えないのです。仮に、おいしい料理をお出しできたとしても、自分のエネルギーをすり減らして作ることになりますから、長続きはしません。

いずれエネルギーが枯れてしまいます。


いざとなれば、自己犠牲をも厭《いと》わない精神は尊いものです。

けれど、それは普段から高いエネルギーを保っているからできることでしょう。

私が先生から受け継いでいくと決めたのは〝おすそ分け〟の精神です。

エネルギーは、高いところから低いところへ流れます。

だから、自分自身ができる限りエネルギーを高くしておかなければ、どんな手段であれ、誰かを元気付けることはできません。おいしいまかないを作り、食べることは、〝自分のため〟であり〝誰かのため〟でもあるということです。

そのまかないを食べるだけで、みんなの真の願いが叶うように。

そんな願いを込め、いつからか私たちは〝まかない〟のことを〝真叶《まかな》い〟と書くようになりました。

そして、二〇一五年の秋には、真叶い専用の「社員食堂ゆにわ」をオープンしました。

これは私たちにとって、大きな転機でした。

もともとこのお店は、スタッフと大学受験塾の塾生が真叶いを食べる、身内のための施設として造りました。

それまでは、「御食事ゆにわ」と「べじらーめんゆにわ」で、昼夜百人分以上の真叶いを提供していたのです。両店を合わせても、わずか三十六席しかないお店ですから、時には、真叶いによる満席が続き、お客様にご入店いただけない日もありました。

「ゆにわの料理を楽しみに来られるお客様をガッカリさせたくない」

そう思っていた時、運良く見つかったのが、今、社員食堂になっている空店舗でした。

同時に、お客様の中から「何かゆにわの力になれることがしたい」「なんでもいいから手伝わせてほしい」と数名の有志が現れました。

私の著書を読み、日常でも実践し、その上で、

「ゆにわで自分を磨きたい」

「どのような形でもいいからゆにわでお手伝いしたい」

と、故郷を離れ、仕事を辞め、まさに背水の陣で飛び込んでこられた方々です。

「手伝いたい」とは言っても、料理については右も左もわからないメンバーばかり。

接客の仕事もしたことがありません。

正直、「手伝えること」を探す方が難しかったほどです。

接客もままならない駆け出しのメンバーを、いきなり「御食事ゆにわ」と同じ土俵へ立たせるわけにはゆきません。

そこで、私たちの真叶いを作らせようと決め、「社員食堂ゆにわ」の厨房で彼らを手伝わせることにしたのです。

技術や経験に頼らなくても、気持ちさえ同じなら、すべての方が実践できるのが、ゆにわの「食」だと思っていますから。


とはいえ、この新しい厨房で、「御食事ゆにわ」とも「べじらーめんゆにわ」とも違う、「ゆにわの真叶い」を作らせることは、私にとっても初めての経験で、「人を育ててゆく」ことへの挑戦でした。


もちろん真叶いとはいえ、一切、手を抜きません。

食材や調味料は「御食事ゆにわ」で使用しているものと変わりません。そのため、利益はほとんど生まれませんが、「本当に安心して食べられる料理」「私たちが毎日食べるごはん」ですから、料理は妥協せずに取り組んでいます。

するとしばらくして、「社員食堂がある」と知ったお客様から、「私たちにも利用させてほしい」とお声をいただくようになりました。なかには、「毎日の食事をゆにわでとりたい」と、わざわざ遠くから楠葉に引っ越しされてくる方もいらっしゃいました。

その気持ちに応えたいと思い、「社員食堂」を一般のお客様に開放することにしたのです。

とはいえ、もともと調理経験のない駆け出しのメンバーが立つ「社員食堂」ですから、高レベルのサービスは提供できません。

水やお味噌汁などもセルフサービスで、まるで学食のようなカジュアルな雰囲気です。

「皆様の期待に応えられるだろうか……」

正直、そんな不安もありました。

しかし、「御食事ゆにわ」がそうであるように、共感し応援してくださる皆様の胸をお

I SAW MANY SCENES THAT MY PROFESSOR CHANGED PEOPLE'S LIVES.
AND THE MORE I LEARN, I THOUGHT
"THIS IS WHY THE FOODS ARE FULL OF HAPPINESS,
IT'S BECAUSE THE PROFESSOR COOKS."

借りして、「仲間」のように支えていただきながら、本当の「食」を提供できる店へと成長させてゆきたいと思っています。

真叶いを守るという信念は、いつまでも変わりません。

今日の真叶いが
人を育てる

Today's "Makanai" grows people

老練な心で少年のように生きよう

料理には、作り手の〝あり方〟がそのまま映ります。

どのような〝あり方〟が求められるのか、それを塾長先生からこう教わったことがありました。

「仙人のように老練な心と、少年のような感性を、持ちあわせること」。

これはまさに、おいしい料理の秘訣にも似ています。

おいしさには、二つの方向性があります。

エネルギッシュな〝新鮮さ〟と、熟成された〝深い旨み〟です。

ひかりのごはんを作るには、これらのおいしさのミックスが必要です。

例えば、漁港から届きたての新鮮な魚の味わいは、筆舌《ひつぜつ》に尽くし難いものがあります

Don't look back, mature your hear
and go at it like a boy.

が、また一方で干物のように、丁寧に処理をして、じっくり長い時間をかけるうちに、微生物によって分解され、旨み成分が増幅するものもあります。採れたてでは味わえない深い味わい。つまり滋味《じみ》を生み出すものです。

味噌、醤油、みりん、ベーコン、ハム、チーズ、ワイン……。

いずれも、熟成と腐敗は紙一重ですが、わずかな環境の違いによって、時間の経過が〝吉〟と出るか、〝凶〟と出るかが決まるのです。

料理に、熟成された旨みを少し添えるだけで、ずいぶんと味に奥行きが生まれます。

人も同じく、〝老練な心と、少年のような感性〟を両立させることができれば、それは味わい深い人になるのでしょう。

〝老練な心〟になるとは、心を熟成させていくことです。

等身大の自分より、もっと自分を大きく見せたいとか、他人から認められたいとか、そういった見栄や執着を卒業し、自由な心で生きられるようになること。何百年も生きた仙人のようになる感じでしょうか。

誰でも、老いから逃れることはできませんが、どんな老い方をするかによって、料理と同じく熟成して深みを増すか、腐ってしまうかの別れ道になるのだと思います。

老いが熟成の過程となるか、腐敗の末路をたどるかの境目は、

慣れても、狎《な》れないこと。
経験を積むほど、執着を捨てること。

この精神があるか、ないか、の差でしょう。

〝慣れる〟とは、〝慣＝心を貫く〟と書くように、初心を貫いた果てに、より自由になることだと、私は思っています。

料理にしても、余計な力を入れず、華美《かび》な装飾もせず、シンプルな料理法で食材のひかりを引き出せるようになることです。

かたや〝狎《な》れる〟とは、積み上げた経験、知識、技術、立場などの上にあぐらをかいて、知らず知らずのうちに省エネモードで生きるようになることです。

人は経験から多くを学びますが、自分の過去の経験からしか物事を眺められなくなると、頑《かたく》なになるばかりで、もはや学びはストップしてしまいます。

誰でも、自分の過去を否定されるのが怖いので、経験則に当てはまらないものを、つい避けたり、遠ざけたり、否定したりしてしまうのでしょう。

だからどうしても、挑戦のない、どこか冷めた生き方になっていきます。

年齢を問わず、

「昔の方が、必死だったなぁ……」

「あの頃はもっと、がむしゃらだった……」

と感じるなら、〝狎《な》れ〟の始まりかもしれません。

私たちの場合でしたら、経験を積んだり、有名になったり、知識を得たりする中で、雑用や掃除、整理整頓、地道な下準備などを侮《あなど》るようになったら、〝狎《な》れ〟の赤信号点滅です。

YEARS LATER, I CREATED A PLACE OF "YUNIWA" AND
SINCE I HAVE BEEN COOKING THE FOOD OF "LIGHT" FOR OVER 10 YEARS.

〝狎《な》れ〟と無縁の日々を送り、過ぎゆく時間を味方につければ、熟成される心とともに、作る料理も、おのずと深みが生まれるものだと思います。

いつも初心でいられたら
老いが
劣化から
進化に変わる

Aging changes to revolution
when you always reset yourself.

自立して歩き出そう

ひかりのごはんを作れるようになるためのカギは、「自立」です。

社会的、経済的な自立ではなく、真の心の自立を果たすこと。


なぜなら、精神的に自立できない、孤独が怖い、一人になりたくない……という自由度の低さは、エネルギーの低さを証明しているようなものだからです。


自立の反対は、依存です。

知らず知らずのうちに、何かに依存して生きている人はたくさんいます。


親、夫、妻、子ども、先生、恋人、友達……、依存する対象は人それぞれ。

自分以外の誰かの評価を気にして、

「嫌われるのが怖い」

「仲間はずれにされるのがイヤ」

「変わり者だと思われたくない」

Independence is the first step of your evolution.

そんな心情で、相手の顔色を気にして一挙手一投足を選んでいたら、もうそれは依存です。依存が生まれるのは、心の中に言葉にできない〝さみしさ〟があるから。

子育て、教育、恋愛などは、ことのほか依存関係を生みやすいものです。

依存すること、させることの、すべてが悪いとは思いませんし、そういう段階があってもいいのですが、いずれ自立を促すのが、教育の務めでしょう。

ただ、なかなかそうもいかないのが現実。

多くの場合、誰かを教育する立場にある人の中にも、「頼られることで、自分のさみしさを埋めたい」という、感情が、大なり小なり心に潜伏しているからです。

だから、長い付き合いの中で、親子なら親が子に、恋愛なら惚れられた側が惚れた側に、つまり立場の強い側が無意識のうちに「ほら、私がいないと困るでしょ?」という依存関係を悪気《わるぎ》がなくても築こうとしてしまうのです。

その証拠に、社会人になっても親から自立できず、大事なことを一人で決断できない大人、愛されていないとわかっているのに別れられないカップルが、世間では後を絶ちません。

そういった依存を抜け出せない人は、いい教え、いい先生、いい情報、いい環境に恵まれても吸収できないので、とてももったいないと思います。

依存が足かせになって、変われないのです。


依存を生み出すのは、いつも決まって、条件付きの愛です。

どんな人間関係であれ、条件付きの愛は、取引であって、本物の愛ではありません。


一緒にいるから愛してあげるとか。

言うことを聞くからやさしくするとか。

成績が良かったら認めてあげるとか。


でも、一度その関係が築かれてしまうと、その駆け引きに本当の愛がないと薄々感じていても、なかなかそれを手放せないのです。離れるのが怖いのです。

しかしそれでは、ひかりのごはんは担《にな》えません。

自分が愛を偽っていたら、料理も、人も、愛せないから。


だから、自立が大事なのです。

じゃあ、どうすれば自立できるの？　と、みなさん知りたいと思います。

答えはいろいろあるでしょう。

一つあげるならば、〝ひかり〟を感じることだと思います。

〝ひかり〟がわかりにくければ、「生きてて良かった！」と、「もう死んでもいい」という二つの歓喜に同時に出会うことです。

「何？　結局、幸運に恵まれないと自立できないってこと？」と思わないでください。その歓喜を感じさせてくれる一手段も、また料理なのです。偉そうなことを言っていますが、私もかつては、親に、恋人に、友人に、どっぷり依存していました。

依存しているつもりはなくても、一人になるのが怖かったんです。

だからいつも自分を、偽っていました。

周りの評価ばかりを気にして、それがなかったら生きていけない気がしました。

そんな私が変わったきっかけは、塾長先生が握ってくれた、たった一つの白おむすび。

「水、塩、米だけで、こんなに幸せになれるんだ……」

そのひかりを感じた瞬間、自分をがんじがらめに縛っていた黒い縄が、するするとほどけていくようでした。気付けば大粒の涙が頬をつたっていました。


その時、私の心に「自立しよう」という意志が芽生えたのです。

それを少しずつ育てていきました。

その芽を育てるために、必要な土台は、自分の過去を〝手放す勇気〟を持つことです。

依存をやめるということは、今まで自分が頼りにしてきた価値観を、いったん壊してゼロにするということです。それって、まるで自分自身がこの世からいなくなってしまうみたいで、誰でも怖いのです。

それゆえ人は、変化を目の前にして「やっぱり私はこのままがいい……」と、言い訳してブレーキをかける。

せっかく芽生えた自立心を、自ら摘《つ》んでしまうのです。

その言い訳をやめて過去を手放した時から、自立の道が始まります。

自分の不幸を、誰かのせいにするのをやめること。今、満たされない状況にあるとしたら、それを作っているのは自分自身の心なのだと潔く認めることが、前に進むチカラを生みます。

信じていたものに裏切られたり、誰にも認められなかったり、ひかりが見えなくなることもあると思います。

その時は、ぜひ「御食事ゆにわ」へ、いらしてください。

ひかりのごはんをご用意して、お待ちしていますから。

手放す前は
怖くても
手放してみたら
なんとかなる

Don't be afraid to let it go,
everything's going to be alright.

変容するまで続けてみよう

あなたはどんな思いで、この本を手にとってくださったのでしょうか？

「自分を変えるキッカケがほしい」

「パッとしない毎日から抜け出したい」

「もっと幸せな食卓を作りたい」

そんな思いで読み進めてくださっているかもしれません。


しかし、本書を読んでも、頭ではわかったけれど、なかなか実践できなかったり、行動が伴わないことが、きっと出てくるのではないかと思います。

なぜなら、私がお伝えしているのは、調理法やレシピやノウハウといった、簡潔明瞭な〝やり方〟ではなく、料理と向き合う姿勢であり、本質であり、自分自身の〝あり方〟そのものだからです。


世の中は、〝やり方〟ばかりがもてはやされて、誰でも簡単、お手軽、わかりやすいものに人気が集まりがちです。

Continue what you do until it changes yourself.

けれど、私は〝やり方〟よりも〝あり方〟にこそ価値があると思っています。

〝やり方〟は学べばすぐに誰でも実践できますが、〝あり方〟はそうはいきません。

〝あり方〟を変えるとは、「新しい自分に変わる」ということだからです。


人が変わる時には、段階があります。

最初に訪れるのは〝変化〟です。


変化とは、考え方が変わるということ。

これは、高い感覚に触れたら一瞬のうちに起こります。

一冊の本、一曲の歌、一杯のお茶、一皿の料理、たったそれだけのキッカケで考え方が変わることもあるでしょう。

でも、頭で「わかる」のと、身体で「できる」のは違いますよね。

頭と身体、つまり、考えていることと、やっていることが一致しないというのは、常に人が抱える悩みの一つだと思います。

かつて中国の思想家・王陽明《おうようめい》は「知行合一《ちこうごういつ》」の大切さを説きました。

思考と行動を常に一致させることが人の理想だという教えです。「ちこ合一」と覚えてくださいね。

なかなか行動を変えられない理由は、自分のクセや性格が、長い年月をかけて身体にしみついてしまっているからです。

みんな、「変わろう、変わろう」と思っても、すぐに過去の自分に戻っていってしまうのです。

せっかくいい教えを聞いたのに、三日坊主で終わってしまう人が多いのも原因は同じ。

この〝過去の自分に戻ろうとする習性〟のことを、ホメオスタシス（恒常性）といいます。

このように書くと、なんだかそれがワルモノのように思われるかもしれませんが、これは外の刺激から自分を守るために、人が身に付けた大切な働きの一つなのです。

体温や血圧、体内環境など、一定に保っておかないと、外からの影響をそのまま受け入れっぱなしだったら、身体がもちません。だから、暑い時には汗で熱を逃がしたり、身体を冷やすものが食べたくなったりして、人は現状を維持しようとするのです。

人の意識が変わろうとする時も、ホメオスタシスが働きます。

つまり、良い変化が起こりはじめたら、同時に過去の自分への〝引き戻し現象〟が必ず待っているということです。

この習性のことをあらかじめ知っているのと、知らないのとでは大違い。知っていれば、いざそれを迎えた時にも動じることなく対処できるからです。

添加物を避けていたのに、無性にジャンクフードが食べたくなったり。

浄化を習慣化していたのに、急に面倒臭くなったり。

もともとのだらしない生活に戻ってしまったり。

自分は変わろうと思っているのに、周りの人に止められたり。

そんな引き戻し現象が訪れたら、あなたが変わろうとしている合図ですから、むしろポジティブに、「あぁ、きたきた。このことか」と冷静に対処するだけです。

心の中に先に進もうとする自分と、元に戻ろうとする自分を見つけたら、「あなたは本当の私じゃない！」と戻ろうとする自分を追い出しましょう。

そして、エネルギーを高める習慣を、まずは一つでもいいから淡々と続けることです。

身体にしみついた過去の記憶はすぐには抜けませんから、継続が大切です。

継続していたら、しだいに「できている自分が当たり前」という感覚になってきます。
最初から完璧を求めず、ブレては糺《ただ》して、遠く離れる前に元に戻して、その繰り返し。
すると、思考と行動とが一致するようになってくるのです。
ホメオスタシスを超えて、身体まで変わった証拠です。

これを、〝変容《へんよう》する〟といいます。

変容《へんよう》するには、何ヵ月も、場合によっては何年もかかるかもしれません。
その代わり、身体まで変わってしまえば、もう簡単には元に戻らなくなります。

変容すると、身体の感覚から変わります。

例えば、おむすびを握っていてもしぜんと形が揃うようになったり。
握りながら「あっ、これは三粒多いな……」と直感が働いたり。
料理を味見しなくても、見ただけで「味が薄い」と気付けたり。

笑顔を取り繕《つくろ》おうとしなくても、しぜんと笑っていられたり。

手を合わせなくても、心の中では祈っていたり。


この情報化社会で、いろいろなことが学びやすくなったのは良いことですが、一つ学んでは飽き、また学んでは飽き、八方美人で浮気症な学び方になってしまいがちです。それでは結局、変容しないのです。

だから、何かを学んだら、それを誰かに伝えるのもいいのですが、それよりもまず、自分自身が変容するまで続けてみることです。


この本についても、一度お読みいただいて、感覚が変わったり、世界を見る目が変わったと感じたら、ぜひ何度も手にとってみてください。

身体で会得《えとく》できるまで、実践しては繰り返し読んだり、本棚の見えるところに置いて眺めたり、何かを判断するたびに思い出したり。

きっと、変化の段階が進むにつれて、読んで感じることも変わっていくと思います。

OU DON'T NEED ANY SPECIAL SKILLS OR EXPERIENCE
F YOU HAVE A INTENTION TO COOK.

本書が役割を全《まっと》うするのは、あなたが変容し、ご自宅でゆにわが再現された時です。
その時まで本書を、あなたが道を歩む、良きパートナーにしていただけたら幸いです。

頭で覚えたことより
身体で覚えたことが
一生、役に立つ

Feeling more than thinking will be
an advantage for your life.

おわりに

はからずも、この本の原稿を書き終えたのは、二〇一六年八月二十一日。東京の白金《しろかね》に構えた新店舗「Teas《ティーズ》 Üniwa《ユニワ》 白金《しろかね》&斎庭《ゆにわ》 Salon《サロン》 de《ド》 thé《テ》」のオープン日でした。明け方五時。大阪で原稿の確認を終えて、休む間もなく新幹線で東京へ。

「白金ゆにわ」は、テイクアウト専門の紅茶店「Teas Üniwa 白金」と、隠れ家的なティーサロン「斎庭 Salon de thé」が一体となったお店です。

実は、東京にお店を出すなんて、一年前までは私自身も全く予想していませんでした。

これまで、たくさんのお客様から、「東京にも、お店を出してください」とお声をいただいてきましたが、いつも「そうですね、何年後かに実現できるよう、がんばりますね」とお返事してきました。

リクエストにお応えしたい気持ちはありましたが、「一体誰がそこに立てるだろう?」その現実を考えた時に、答えがでなかったのです。

ゆにわの料理は手間を惜しんでは作れません。そのため、この十年間、人手はいつも足りないくらいでしたから。


大阪ではすでに四店舗の飲食店を展開していますが、それは徒歩で移動できる距離だからできたことです。困ることがあれば、会社のスタッフ全員で助け合いました。

いざという時には一丸となれる団結力。それが私たちの強みです。

個々の能力では超えられないことも、そのようにして、なんとか超えてきました。

しかし、東京となれば話は違います。


まさか、アルバイトだけで店を回すわけにもいきません。

ゆにわのスタッフが立ってこそ、初めて「ゆにわ」の味が実現できるのです。

そう考えると、まだまだ全体としての力不足が否めない。

それが私の正直な気持ちでした。


ところが、その一年後にはオープンしてしまったのです。

そうなった理由はいくつもあります。

お客様からの応援があったこと。

東京という発信力のある場から、本当の「食」を伝えたかったこと。

出張したスタッフが、真叶《まかな》いを食べられる場所がほしかったこと。

そして何より、「今しかない！」という状況が、目の前に訪れたことです。

昨年の暮れに、社長が東京で偶然、ある物件を見つけてこられました。

それが、今の「白金ゆにわ」の空き店舗。広いテラスがある新築で、交通の便も良く、落ち着きのある白金の町。当然ながら人気の物件です。すぐに他のお店が入る予定だったそうですが、私たちが見に行った時にはキャンセルになっていたので、奇跡的におさえることができました。

しかも、隣には「白金氷川神社《しろかねひかわ》」があります。神域内に建っているような不思議なビルでした。というのも、ビルが建つまでこの土地は、神社の境内《けいだい》だったそうです。

「ゆにわ」とは、もともと古神道《こしんとう》の言葉で「斎庭《ゆにわ》」と書きます。「神事の際に、神様が降りてくる場所」という意味。これ以上にぴったりな場所があるでしょうか。

物件との出会いも一期一会。これを逃したら、もう次はない。

借りてしまったら最後。もう後戻りはできない。

社運をかけたプロジェクトでした。

決して、目算《もくさん》が立ったわけでも、余裕があったわけでもありませんが、私たちが出した答えは、「東京に〝ゆにわ〟を作ろう」でした。


しかし、いざフタを開けてみると厳しい現実が立ちはだかりました。

東京は水も空間もまるで違う。ご飯も紅茶も、「御食事ゆにわ」と同じような味が出ないのです。

さらに、私たちが目指す神域のような空気には程遠い空間。

いるだけで癒されるどころか、都会のざわめきに、いるだけでどこか疲れてしまう。

内装はほぼ完成しているのに、空気が変わりません。

工事は一ヵ月で終わる予定だったのに、四ヵ月かかりました。一度出来上がった店内の壁を業者の方に頭を下げて、もう一度造り直してもらったこともあります。

最終的に私たちは、空間を劇的に変えるため、「水」、「電気」、「音」を、大阪の店の何十倍もパワーアップさせました。

「水」は、ゆにわオリジナルの浄水器「禊《みそぎ》」をはじめとする、五種類の浄活水器を組み合わせました。それによって、大都会にいながら、太古の清流のような水が飲めるようになりました。

「電気」は、浄電器によって、有害電磁波に含まれる悪い情報を、良い情報に書き換えました。そのおかげで、店内は雄大な自然の中にいるような心地良さが味わえる都会のオアシスになりました。

「音」は、天才的なオーディオ職人さんの手により、特殊な〝カイザー和音壁《わおんへき》〟を備えました。店内の壁全体から倍音が奏でられ、目を閉じるとまるでコンサートホールにいるような臨場感。耳心地の良い振動が、心身を癒やしてくれます。

これらが揃った時から、「ゆにわ」と呼ぶにふさわしい空間へと進化したのです。

そして、迎えたオープン日。

私が白金に着いたのは、午前十時半頃。

お店の広いテラスは、開店祝いの花でいっぱいになっていました。その幸せな光景に、感謝の気持ちが込み上げました。

しかし店内に入ると、不穏な空気。

まだお迎えの準備ができていないのです。

「え？　ちょっと、どういうこと⁉」

そう聞くと、スタッフは慌てた様子で答えました。

「オーディオの音が鳴らないんです」

「どうして⁉　職人さんに連絡はしたの？」

「いや、したんですけど、さっき電話があったんです。ここには来れないって……」

なんと、職人さんが代わりのオーディオ機器を運んで来る途中で倒れ、救急車で運ばれてしまったのです。

「だから僕、今からタクシーで病院まで行って、代わりの機材もらってきます！」

オープンまで、あと一時間。

この記念すべき日に、もしも音が鳴らなかったら……。脳裏に浮かぶ悪夢にどう対処すべきかわからず、私はただひたすらオープン準備を急ぎました。

そしてオープン十分前。

「もらってきましたー！」

音響機材を持ったスタッフが汗だくになって戻ってきました。

倒れた職人さんは、大事には至らなかったとのこと。「良かった」と胸をなでおろすのも束《つか》の間《ま》、これで音が鳴らなかったら、もうおしまいです。

「どうか、お願いっ！」

しーんと静まりかえる中、私は祈るようにスイッチを入れました。

パチッ……。


「♪〜〜♪♪〜♪♪♪〜♪」


鳴り響いたクラシックの音色は、店内にいた全員の焦りや緊張感を、一瞬でかき消してくれました。

「鳴った！　良かった！」

みんなでガッツポーズ。もうオープン五分前です。

店の外には、すでにお客様の行列が見えました。

その中には、私の食の講座に通っていた卒業生たちもいて、「手伝います！」と、エプロン持参で駆け付けてくれました。


そして、オープン。

「いらっしゃいませ！」

それからは、ノンストップ。ずっと客足は絶えず、大盛況のまま閉店時間に。

一日を終えて、みんな身体はクタクタなはずなのに、心は満たされていました。

無事、お店をオープンできた安心感。

そして何より、大きなお祭りを終えたような充実感と、仲間とともに一致団結できた喜びに包まれました。


「御食事ゆにわオープンの日を、思い出すね」

十年前を懐かしみながら、ごはんと味噌汁をいただきました。

シンプルなこのごはんが、最高においしく感じられました。

東京に新しい「ゆにわ」ができたことを、ようやく実感した瞬間でした。


やっぱり私たちの中心にあるのは、ひかりのごはんです。

大切な人たちと、ひかりのごはんを食べること。

そのシンプルな答えが、この本でお伝えしたかった、運気を上げる一番の秘密です。

現代は、効率の良さ、便利さ、合理性ばかりが目立ち、ちゃんとごはんを食べること、大切な人たちと食卓を囲むことが後回しにされがちです。

だからこそ、本物の「食」を届けていきたい。

私は先生に出会った頃、いつも幸せそうなその姿に、ただただ憧れるばかりでした。

「先生のようになる！」と決めた日から十年。今になって初めてわかったことがあります。すべてが完璧に見えた先生は、何もかも持っているのではなくて、いちばん大事なことを守るために、たくさんのことを捨ててきたのだということです。

何かを得よう、得よう、とした先に、幸せがあるんじゃない。

いちばん大事なことがわかっているから幸せなんだって。

遠くから眺めるだけだった頃は、それが見えていませんでした。

幸せになるために必要なものは、きっとそんなに多くないのだと思います。

自分のごはんを守る。

大切な人のごはんを守る。

それを見失わないこと。

そうすれば、勝手に運気は上がり、「自分はこんな人生を歩いていく」という、はっきりとした意志が芽生えます。その心に素直に従えば、ともに生きてゆける本当の仲間ができます。


まずは、食を大切にすること。

次に、どんな人生を歩みたいのか。それを決めること。

すべて、そこから始まるのだと思います。

私の人生を変えてくれた、たった一つの出会い。

それが〝ひかりのごはん〟だったのです。

だから、きっとあなたの人生も変わります。

本書がその一筋のひかりになれることを願い、あなたの人生がひかりで満たされることを、心からお祈りしています。

御食事ゆにわ　ちこ

ぜひ一度ひかりのごはんを食べにいらしてください。

http://uni-wa.com/

御食事ゆにわ

日本人食とは何か？　ということからスタートし、和食をはじめとする世界中の家庭料理にその答えを見出した新しい自然食を提案。ランチはその日の旬の食材を活かしたプレートやコース。ディナーは日本食の粋を集めたフルコース。夜のみ完全予約制。

http://vegewa.com/

べじらーめんゆにわ

植物性素材100％のラーメンの専門店。自然食志向、ベジタリアンの方にもうれしい動物性食材を一切使わないメニューが豊富。サイドメニューの自家製あんみつや京都の老舗豆腐店の名水で作られたお揚げを使用した上いなり寿司も人気。ハラールメニューの対応も可能。

http://chashi-uniwa.com/

茶肆《ちゃし》ゆにわ

水にこだわり、厳選した茶葉と自家製のお茶菓子を堪能できる日本茶・中国茶の専門店。茶器は職人の手によって昔ながらの製法で一つ一つ丁寧に焼き上げたこだわりの逸品。茶器は店内でも購入可。古材をしつらえた空間では、茶室のような雰囲気に時間を忘れ、心和むひとときを過ごせる。

http://shokudo-uniwa.com/

社員食堂ゆにわ

ゆにわのスタッフや、大学受験塾ミスターステップアップの塾生が利用するセルフサービスの食堂。ランチとディナーは日替わりメニュー。カフェタイムには自家焙煎のコーヒーや紅茶、季節ごとに変わるフルーツサンドなどデザートが充実。一般の方も利用可能。

http://gojigen.net/index.php

NaturalLife　ゆにわマート

人にも環境にもやさしいグッズを扱う生活雑貨店。ゆにわのスタッフが愛用している〝本当に良いもの〟が勢ぞろい。ガラス張りの店先には、魅せる焙煎器が目を奪う。生体エネルギーで高められた厳選されたコーヒー豆は、その場で挽いて持ち帰りも可能。コーヒーの試飲もできる。

http://teas-uniwa.com/

斎庭《ゆにわ》　Salon《サロン》 de《ド》 thé《テ》／Teas《ティーズ》 Üniwa《ユニワ》 白金《しろかね》

水・音・電気にこだわったオーガニックなティーサロン。薬膳紅茶や自家焙煎コーヒーが味わえる。隠れ家のような店内は美しい音色がダイナミックに響き渡る。ドリンクやスイーツはテイクアウトも可能。開放感あふれるテラス席で空を見ながらのティータイムも。

開運料理人　ちこ

十七歳で人生の師と出会い、開眼。「食を変えると人生が変わる」ことを会得。「声なき声を聞き、香りなき香りを利く」ゆにわ流を伝授される。大阪府枚方市楠葉《ひらかたしくずは》に日本人食のルーツを大切に守り、その枠を超えた「御食事ゆにわ」をオープン。飲食店としては類をみない「ごはんを食べたら人生が変わった」という全国各地から感動の声が殺到。巫女《みこ》のように祈りを捧げながら作る独自のスタイルとともにライフスタイルが反響を呼び、数多くのメディアに出演。訪れた人々の心を穏やかにし、人生を変えるごはんに足しげく通うファンも急増している。現在、「御食事ゆにわ」を営みながら、食の講座「神様ごはんスクール」にて食を糺《ただ》す大切さを説いている。著書に『いのちのごはん』『きずなのごはん』（共に青春出版社）、『運を呼び込む　神様ごはん』（サンクチュアリ出版）、『神様とつながる　開運ごはん』（神宮館）などがある。

■STAFF
表紙・本文デザイン
Art Director
千原徹也（れもんらいふ）
Designer
松尾郷子（れもんらいふ）
撮影
高橋葉
Hair&Make-up
kika

DTP
白石知美（株式会社システムタンク）

編集協力
新井久美子

■参考文献

『死の同心円―長崎被爆医師の記録 長崎文献社名著復刻シリーズ2』
（秋月 辰一郎著・長崎文献社）
『子ども法廷シリーズ2　出口のない毒 経皮毒』
（真弓定夫監修・美健ガイド社）
『裏側探偵団電磁波　カンタン・ベンリの裏側1』
（真弓定夫監修・美健ガイド社）

運気を上げる ごはんのひみつ
食事のエネルギーを高めるゆにわの作法

2016年11月1日　第1版第1刷発行

著　者　ちこ
発行者　安藤 卓
発行所　株式会社ＰＨＰ研究所

京都本部 〒601-8411 京都市南区西九条北ノ内町11
文芸教養出版部 ☎075-681-5514（編集）
東京本部 〒135-8137 江東区豊洲5-6-52
普及一部 ☎03-3520-9630（販売）

PHP INTERFACE http://www.php.co.jp/

印刷所　図書印刷株式会社
製本所　株式会社大進堂

ISBN978-4-569-82262-4